HISTORIQUE

DU

25ᵉ RÉGIMENT DE LIGNE

PETITE BIBLIOTHÈQUE DE L'ARMÉE FRANÇAISE

HISTORIQUE

DU

25ᴱ RÉGIMENT DE LIGNE

2ᵉ ÉDITION

PARIS

HENRI CHARLES-LAVAUZELLE

Éditeur militaire

118, Boulevard Saint-Germain, Rue Danton, 10

(MÊME MAISON A LIMOGES)

—

1905

COLONELS OU CHEFS DE BRIGADE
DU 25° RÉGIMENT D'INFANTERIE

Régiment d'Hôtel.

Comte d'HOTEL. César de CHOISEUL DU PLESSIS-PRASLIN, 16 septembre 1616 — 4 février 1643.

Comte d'HOTEL, 4 février 1643 — 17 décembre 1650.

Comte du PLESSIS-PRASLIN, 17 décembre 1650 — 24 mai 1656.

Comte du PLESSIS-PRASLIN, 24 mai 1656 — 31 août 1682.

Régiment de Poitou.

Marquis de BIVILLE, 31 août 1682 — 3 novembre 1689.

Comte de MORNAY, 30 novembre 1689 — 21 mars 1702.

Comte de MONTAL-MONTSAULNIN, 21 mars 1702 — 6 mars 1719.

Marquis de FÉNELON, 6 mars 1719 — 19 février 1723.

Comte de BONNEVAL, 19 février 1723 — 2 janvier 1745.

Comte de REVEL, 2 janvier 1745 — 29 novembre 1757.

Vicomte de CHOISEUL, 26 novembre 1757 — 3 janvier 1770.

Comte de BÉTHISY, 3 janvier 1770 — 4 avril 1780.

Comte de BUSANÇOY, 4 avril 1780 — 10 mars 1788.

Marquis de SAINT-CHAMAS DE REBENAC, 10 mars 1788 — 27 juillet 1791.

REDON, 25 juillet 1791 — 27 mai 1792.

DE ROURE DE BRISSON, 27 mai 1792.

25e demi-brigade de bataille.

BAVILLE, 17 juin 1794.

25ᵉ demi-brigade de ligne.

MM.

Venoux, 16 janvier 1796 — 10 mai 1799.
Lefebvre (Simon), 10 mai 1799 (21 floréal an VII)
— 1ᵉʳ juin 1801 (9 prairial an IX).
Cassagne, 1ᵉʳ juin 1801 — 13 juillet 1807.
Dunesme, 13 juillet 1807 — 13 juillet 1813.
Chartrand, 13 juillet 1813 — 19 septembre 1813.
Fantin des Odoars, 19 septembre 1813 — 1ᵉʳ
novembre 1814.
de Gromety, 1ᵉʳ novembre 1814 — 31 décembre
1815.

48ᵉ Légion (1ʳᵉ de la Manche).

Marquis de Mosges, 1ᵉʳ janvier 1816 — 11 juin
1817.
Chevalier de Jouette, 11 juin 1817 — 30 mai 1821.

25ᵉ Régiment de ligne.

Baron Dubois d'Escordal, 30 mai 1821 — 18 sep-
tembre 1830.
de Rossi, 18 septembre 1830 — 9 septembre 1832.
Boyer, 9 septembre 1832 — 26 novembre 1840.
Drouets, 26 novembre 1840 — 30 août 1848.
d'Exéa, 31 octobre 1848 — 30 décembre 1852.
de Saint-Pol, 30 décembre 1852 — 21 septembre
1854.
Quitteray, 23 septembre 1854 — 2 octobre 1858.
Floy, 7 novembre 1858 — 14 mars 1863.
Gibon, 14 mars 1863 — 15 septembre 1870.
Morin, 26 septembre 1870 — 24 février 1872.
Paillier, 5 mars 1872 — 11 mars 1879.
Delavau, 18 mars 1879 — 20 mars 1886.
Corréard, 27 mars 1886 — 2 juillet 1890.
Vallat, 16 août 1890 — 22 mars 1895.
Bardol, 19 mai 1895 — 29 juin 1898.
Le Moniès de Sagazan, 10 juillet 1898 — 1ᵉʳ no-
vembre 1903.
Fourrier, 31 décembre 1903.

AVANT-PROPOS

Origines et organisations successives.

Le 25° régiment de ligne doit son origine à un corps levé en 1585 par la famille de Choiseul-Praslin. Réformé en 1587 après la bataille de Vimory à laquelle il avait pris part, il fut rétabli en 1612, pour être réformé de nouveau la même année et enfin reconstitué en 1616 sous la désignation de régiment d'Hôtel qui était le nom de son premier chef.

C'est de cette dernière année que date son ancienneté. Depuis cette époque, il n'a jamais cessé d'exister. Il prit successivement le n° 20 en 1617, le n° 19 en 1619, le n° 16 en 1626, le n° 15 en 1665, le n° 14 en 1671 et le nom de Poitou en 1682, le n° 15 en 1775, le n° 26 en 1776, et enfin le n° 25 en 1790.

En 1792, l'Europe entière menaçait nos frontières. Une coalition formidable s'était formée contre la France, entre l'Autriche, la Prusse, la Russie, la Suède et la Saxe. Le 27 juin 1792, le Ministre de la Guerre annonçait à l'Assemblée législative qu'elle pouvait opposer aux puissances coalisées 205,000 hommes de troupes de ligne et 92,500 gardes nationaux.

Des levées en masse furent décidées. Un décret de la Convention nationale du 1er février 1793 porta à 663 le nombre des bataillons volontaires qui devaient aller grossir les rangs des défenseurs de la patrie.

Par décret du 12 août 1793, l'infanterie de ligne cessa d'être désignée sous la dénomination de régiment, et chacun de ses anciens corps dut prendre le nom de demi-brigade dans lesquelles on incorpora successivement la majeure partie des bataillons de volontaires.

Ainsi les deux bataillons du 25° de ligne constituèrent : l'un en 1795 (15 nivôse an III), la 49° demi-brigade de bataille avec :

1° Le 4° bataillon des volontaires du Nord, dit de Bergues;

2° Le 5° de l'Oise;

L'autre, le 9 frimaire an III (20 novembre 1794), la 50° demi-brigade de bataille avec :

1° Le 3° bataillon des volontaires de l'Oise;

2° Le 6° de la Seine-Inférieure.

Le 29 prairial an II (17 juin 1794) fut créée la 25° demi-brigade de bataille. Ce corps, qui représentait alors le 25° régiment, fut tiré :

1° Du 1er bataillon du 13° régiment bourbonnais;

2° Du 4° bataillon des volontaires du Jura;

3º Du 4ᵉ bataillon du Doubs.

Cette 25ᵉ demi-brigade ne devait pas avoir une longue existence. Un arrêté du Directoire exécutif, du 16 janvier 1796, réduisit à cent les demi-brigades d'infanterie. Les nouvelles demi-brigades tirèrent leur numéro au sort. La 25ᵉ de bataille se fondit dans la 50ᵉ et partit pour servir à l'armée des côtes de l'Océan.

Le numéro 25 échut par le sort à l'ancienne 84ᵉ de bataille. Elle fut définitivement formée le 10 ventôse an IV (29 février 1796) et composée avec :

1º Le 2ᵉ bataillon du 42ᵉ régiment ;

2º Le 4ᵉ bataillon des volontaires du Rhône et Loire ;

3º Le 2ᵉ bataillon du Cantal ;

4º L'ancienne 101ᵉ provenant du 1ᵉʳ bataillon du 51ᵉ ;

5º Les 3ᵉ et 4ᵉ bataillons des volontaires des Bouches-du-Rhône ;

6º La première demi-brigade provisoire provenant du 1ᵉʳ bataillon des volontaires de l'Ariège, du 7ᵉ de la Haute-Garonne, du 9ᵉ de la Drôme ;

7º De la 3ᵉ compagnie des grenadiers de la 26ᵉ.

La 25ᵉ s'illustra dans les campagnes de 1796-1797 en Italie, 1798, 1799 et 1800 en Egypte.

Par arrêté des consuls du 1ᵉʳ vendémiaire au

XII (11 septembre 1803), elle prit le nom de 25e régiment.

Il fit toutes les campagnes de l'Empire, disparut momentanément en 1815, lorsque, après le licenciement de l'armée, les régiments furent fondus dans 86 légions départementales. Ces légions, recrutées dans le département où elles étaient formées, ne durèrent que jusqu'en 1820. Celle qui devint, le 23 octobre, 25e de ligne fut la 48e (1re légion de la Manche).

Ainsi, qu'il se soit appelé *régiment d'Hotel*, *régiment Plessis-Praslin*, *régiment de Poitou* ou 25e *demi-brigade*, qu'il ait combattu sous l'oriflamme fleurdelysée ou sous le drapeau tricolore, ce beau corps d'infanterie a toujours et partout bien mérité de la patrie. Quant au 25e *régiment de ligne* proprement dit, formé au début du Directoire avec les débris des troupes qui eurent à combattre la coalition, après avoir crânement reçu le baptême du feu à Arcole et s'être distingué aux Pyramides, il a montré à Auerstaedt d'abord, à Wagram ensuite, et enfin à Gravelotte et à Saint-Privat, qu'il était le digne continuateur de ses aînés et qu'il avait fidèlement conservé le dépôt de leurs glorieuses traditions.

HISTORIQUE

25ᶜ RÉGIMENT DE LIGNE

1621.

La première action de guerre où l'on rencontre le 25ᵉ est le siège de Clérac, siège qui fut remarquable par l'abandon définitif du bouclier. Ce fut le jeune comte D'HÔTEL qui, jetant le sien au moment de monter à l'assaut et arrivant le premier au sommet de la brêche, donna l'exemple.

1622.

Le régiment est au siège de Royan ; il se rend ensuite devant la Rochelle que bloquait le comte de Soissons.

1626.

Il est chargé de défendre l'île d'Oléron contre les Anglais.

Lorsque les débris de l'armée anglaise se furent rembarqués, il vint coopérer au blocus de la Rochelle et y tint garnison après la capitulation.

1629.

Il quitte la Rochelle pour aller avec le prince de Condé « faire le dégât » aux environs de Montauban. Il prend part, sous le commandement royal, aux sièges de Privas et d'Alais.

1630.

Il franchit les Alpes pour la première fois et se trouve à la prise de Pignerol et au combat de Veillane. Le lendemain, le régiment s'empare de la montagne de Cumiane, d'où les Savoisiens pouvaient encore incommoder notre armée. A l'attaque du pont de Carignan où il combattit, dit la chronique, à la française, Plessis-Praslin culbuta un gros corps d'infanterie espagnole.

Il marcha ensuite au secours de Casal dont il occupa la citadelle jusqu'en 1635.

Le régiment est appelé à l'armée de Picardie et fait partie du corps commandé par le maréchal de Châtillon. Il se distingue (20 mai) à la bataille d'Aveine en achevant la déroute de l'infanterie espagnole que Champagne avait ébranlée.

1635.

Il se rend alors devant Tirlemont, puis au siège de Louvain qu'on est obligé de lever, Plessis-Praslin fait, dans cette occasion, l'arrière-garde du corps du maréchal de Châtillon et soutient un combat opiniâtre dans un chemin creux par où l'armée était forcée de défiler.

1636.

Il est en garnison à Guise d'où il fait diverses courses dans le Cambrésis. Il concourt, dans cette année, au siège de Landrecies.

1638.

Faisant partie de l'armée de Flandre, il se distingue à l'assaut du Câtelet, prend ensuite part à la prise de Blamont et de Lunéville et va joindre, devant Brisach, l'armée du duc de Saxe-Weimar.

1640.

L'armée espagnole assiégeait Casal. Le 29 avril, elle est attaquée dans ses retranchements par le régiment qui, trois fois de suite repoussé, se reforme trois fois à cinquante pas des lignes. A la quatrième attaque, il s'ouvre un passage, et rien ne lui résiste. Au siège de Turin, la même année, il gardait la circonvallation depuis la Doria jusqu'à Valenza. Le 11 juillet, il soutient une sortie de la place et une attaque de l'armée de Leganez. Battu à gauche par 9 pièces d'artillerie, fusillé de face par l'infanterie et chargé par la cavalerie espagnole, il reste inébranlable et tue 1,000 hommes à l'ennemi.

1641.

Plessis-Praslin contribue à forcer les Espagnols de lever le siège de Fossano et prend part à la prise de Nizza où il emporte trois demi-lunes. Au siège de Tortone, il est de l'attaque des Gardes et se distingue dans une sortie faite par les Espagnols sur le régiment de Saint-Pol, qui avait été chassé de la tranchée.

1643.

Le régiment reprend le nom d'Hôtel et se signale à la prise d'Asti et au siège de Trino où, succédant à deux corps qui venaient d'échouer, il enleva la place.

1645.

Hôtel quitte l'Italie et passe en Catalogne pour faire le siège de Roses, revient au mois d'août au siège de Vigevano et prend part, le 19 octobre, au combat de la Mora.

1646.

Les démêlés de Mazarin avec le pape donnèrent lieu à une expédition sur l'île d'Elbe et les présides de Toscane.

Le régiment, venant d'être augmenté de douze compagnies, reçoit subitement l'ordre de s'embarquer à Oncille. Les soldats étaient si joyeux qu'ils se jetaient à la nage pour gagner plus tôt les vaisseaux. Il est envoyé faire le siège de Portolongone. Un jour où le régiment était de garde, on voulut enlever une demi-lune. Le lieutenant PAUPLICOURT y est envoyé avec quelques soldats pour examiner le terrain. Il surprend les 40 hommes qui gardaient la demi-lune et s'en rend maître.

Le 27 octobre, le maréchal du Plessis-Praslin ordonne l'assaut général et donne la tête de l'attaque au régiment de son fils. Le comte D'HÔTEL, suivi de ses meilleurs soldats, saute à l'entrée de la nuit sur la brèche et s'y établit après deux heures de combat.

1648.

Le régiment d'Hôtel contribue à faire lever le siège de Casal Maggiore et se trouve à la bataille de Crémone. Il est alors rappelé en France où la Fronde devenait menaçante.

1649.

Il fait partie de l'armée royale qui bloquait Paris, contribue à l'attaque de Charenton, à la prise de Brie-Comte-Robert et à la déroute des Lorrains au passage de l'Aisne.

1650.

Il fait la campagne de Bourgogne avec le duc de Vendôme et rejoint ensuite l'armée que le maréchal de Plessis-Praslin commandait en Champagne et qui était opposée aux Espagnols et aux frondeurs dirigés contre Turenne. Il assiste à Guise le régiment d'infanterie de Turenne et prend part à la prise de Rethel.

1652.

De là, il alla rejoindre l'armée du roi à Gien et rivalisa de courage à Bléneau et à Etampes avec le régiment de la marine. Plessis fut un des corps qui se battirent le mieux au faubourg Saint-Antoine. Après avoir enlevé, avec le régiment d'Artois, les barricades de la rue de Charenton, ils s'établirent, l'un à droite, l'autre à gauche dans les maisons voisines. A peine y étaient-ils postés que le prince de Condé fit attaquer les barricades, mais tous ses efforts échouèrent devant l'énergique résistance de ces deux corps.

1653.

Plessis-Praslin sert aux sièges de Vervins, Rhetel et Mouzon, et termine cette campagne au siège de Sainte-Menehould.

1654.

Sous les ordres de Fabert, il assiège Stenay,
vole au secours d'Arras et contribue à l'enlèvement des lignes espagnoles.

1655.

Au siège de Landrecies, le régiment de Plessis
rencontre dans la tranchée celui de la marine ;
la jalousie les fait encore rivaliser de courage.
Ils emportent ensemble, malgré un feu terrible,
le chemin couvert et y font un logement capa-
ble de contenir 200 hommes.

1656, 1657, 1658.

Le régiment, ayant pour chef le chevalier
du Plessis-Praslin, se trouve devant Valenciennes et partage la mauvaise fortune de l'armée quand ses lignes furent forcées par Condé.
Il se trouve à la prise de Montmédy, de Saint-Ve-
nant et de Gravelines, et termine cette longue
guerre au siège de Dunkerque. Le 8 juin, il eut
à combattre une sortie ; seul, il contint les
bataillons espagnols et, rejoint par Picardie, il
exécuta sur eux une charge furieuse et les rejeta
dans la place.

1659.

Plessis reste sur la frontière de Flandre et
entre dans Rocroi que le prince de Condé remet-
tait au roi.

1666, 1667.

Après avoir fait partie du camp de Compiègne, il contribue, sous les ordres du maréchal

d'Aumont, à la prise de Bergues, Charleroi, Ath, Tournai, Douai et Lille.

1668.

Il passe en Franche-Comté où il fait les sièges de Besançon, Dôle et Gray.

1672.

Le régiment fait la campagne de Hollande. Il sert aux sièges d'Arnheim, de Genappe et de Grave et suit ensuite Turenne en Allemagne.

1674.

Après avoir passé l'hiver à Philippsbourg, il rejoint Turenne à Sintzheim où il occupe l'aile droite et fait des prodiges de valeur à l'attaque du défilé à Barghausen. La victoire est due en grande partie à son intrépidité. Le lieutenant-colonel MERLET et plusieurs autres officiers sont blessés. C'est en cette occasion que Turenne dit en parlant à ses troupes : « Avec des gens comme vous, messieurs, on doit attaquer hardiment, parce qu'on est sûr de vaincre. »

Le 5 juillet, Plessis se battit à Ladembourg. Le 4 octobre, il était aux premiers rangs à Ensheim, prenait part au combat de Mulhausen et rentrait ensuite dans Philippsbourg.

1676.

Un détachement, commandé par le lieutenant-colonel MERLET, s'empare de Muhlberg. Le régiment sert ensuite sous le maréchal de Luxembourg et prend part à la victoire de Kokersberg. Quelques compagnies restées à Philippsbourg contribuent à la belle défense de cette place.

1677.

Sous les ordres de Plessis-Praslin, il assiste au siège de Valenciennes, est détaché de l'armée du roi pour renforcer celle du duc d'Orléans et contribue à la prise de Saint-Omer où le lieutenant-colonel Merlet est tué.

1678.

Il est à la prise de Gand et d'Ypres, part ensuite pour Verdun où il joint le maréchal de Schomberg.

Attaché après la paix de Nimègue aux garnisons de l'Alsace, le régiment reste inactif jusqu'à la guerre de 1688. Pendant cet intervalle et en sortant de la maison de Praslin, il cesse d'être régiment de gentilshommes et prend, le 31 août 1682, le titre de la province de Poitou.

1688.

Poitou fait partie de l'armée du Dauphin et se trouve à la prise de Philippsbourg, de Mannheim et de Franckenthal, se signale dans la conquête du Palatinat aux affaires de Rheindorf, Gueins, Winter, Rheinberg et Honuf, gros bourgs fortifiés sur les bords du Rhin. Le régiment est désigné pour enlever la redoute construite au milieu de ces cinq villages. Le marquis de Thiange, à la tête des grenadiers de Poitou, de Vendôme, de Bourbon, de Provence, de la Fère et de Furtemsberg et de 100 dragons sous les ordres du chevalier d'Asfeld, enlève la position intrépidement défendue. Arrivée sur le revers du fossé, cette phalange de héros est un instant arrêtée. Thiange fait descendre dans le fossé le chevalier DE TAVIGNY, capitaine ; celui-ci ouvre la barrière, nos hommes s'élancent dans l'ouvrage, l'épée à la main, et s'en emparent en massacrant tout ce qui se trouve sur leur passage. Partagés sur la fin de la campagne entre Mayence et Bonn, les deux bataillons de Poitou s'illustrèrent aux mémorables défenses de ces deux places.

1690.

Il se trouve en Flandre, combat à Fleurus et achève la campagne sur la Moselle.

1692.

Il contribue à la prise de Namur, combat à Steinkerque et assiste au bombardement de Charleroi.

1693.

Le 1er bataillon de Poitou quitte Namur le 12 juin, assiste à la bataille de Neerwinden et fait le siège de Charleroi. Le 2e bataillon suit le dauphin en Allemagne.

1695.

Poitou prend part au bombardement de Bruxelles, ouvre la tranchée et participe à l'assaut de la demi-lune. De là, il revient au camp de Compiègne où il reste jusqu'en 1698.

1701.

Il reparaît dans les Pays-Bas, contribue en 1702 à la défaite de l'armée hollandaise sous les murs de Nimègue et combat en septembre à Friedlingen où il perd son lieutenant-colonel

M. DE CHAVANNES. Poitou était placé en première ligne au pied de la montagne de Tulich, l'infanterie du prince de Bade tenait le sommet ; les troupes eurent beaucoup de peine à gravir les flancs de la montagne plantés de vignes ; arrivées en haut, après une courte halte pour se remettre en ordre, elles marchent résolument à l'ennemi, et, à la suite d'un sanglant combat, le chassent des bois qui couronnent la hauteur. Les Allemands reçoivent des renforts et reviennent trois fois à la charge ; autant de fois ils sont repoussés.

1703.

Nous retrouvons le régiment au fort de Kehl. L'attaque des lignes de Stolhoffen est un fait d'armes particulièrement honorable pour ses grenadiers. Villars, marchant ensuite au secours de l'électeur de Bavière, le rejoint près d'Ulm après avoir livré plusieurs combats dans les défilés de la Forêt-Noire. Craignant que l'ennemi n'établît un pont sur le Danube, il laissa à Tulfingen, à deux lieues d'Ulm, six escadrons et le régiment de Poitou.

Pendant ce temps 5000 Impériaux venaient se poster au delà du Danube, près de Munderkirchen, pour couper à l'armée française ses communications. Villars résolut d'enlever ce corps. Le 30 juillet, M. DE LEGALL part à 8 heures du soir avec dix-huit escadrons portant en croupe 200 hommes de Poitou et marche toute la nuit dans l'espoir de surprendre les Allemands. Ceux-ci avaient été prévenus et se tenaient sur leurs gardes. Ils attaquent les premiers et font plier notre gauche. Le corps DE LEGALL se retire et va être battu, lorsque les soldats de Poitou, cachés dans un chemin creux, s'élancent tout à coup en bon ordre, marchent droit à l'ennemi sans tirer un coup de fusil, arrêtent la droite victorieuse et donnent aux escadrons français le temps de se rallier. Ceux-ci chargent alors avec vigueur, culbutent les Autrichiens et les rejettent en désordre dans Munderkirchen à travers un pont étroit. Quatorze escadrons précipités dans le Danube sont presque complètement noyés ; les autres, décimés au passage du pont par les balles de Poitou, laissent 11 étendards aux mains des Français.

Il assiste ensuite à la première bataille de Hochstedt et à la prise de Kempfen et d'Augsbourg.

1704.

Il repasse en Allemagne où il assiste à la prise de Gemunden.

1706.

Il va renforcer l'armée de Flandre qui venait d'être battue à Ramillies, soutient dans la journée d'Oudenarde le plus grand effort et opère une retraite mémorable.

1709.

A Malplaquet, il pénètre dans le défilé en même temps que Picardie.

1713.

Il passe à l'armée du Rhin et fait les sièges de Landau et de Fribourg. Le 14 octobre, une attaque générale est dirigée contre tout le chemin couvert du côté du polygone. Les bataillons de Poitou et de Royal-Roussillon sont chargés de l'attaque de droite. Le signal est donné à six heures du soir, mais le hasard avait voulu qu'à la même heure, le baron d'Arsch commandât une sortie de 1,200 hommes qui vinrent se heurter contre les bataillons de Poitou. Après un combat opiniâtre, les Impériaux sont rejetés dans le chemin couvert, et les assaillants, continuant leur pointe, attaquent une lunette vivement défendue. Les grenadiers sont reçus à coups de hallebardes et de faulx emmanchées à revers. Il fallut engager les bataillons de réserve qui enlevèrent la lunette et passèrent les défenseurs au fil de l'épée.

1719.

Poitou se rend à l'armée d'Espagne et sert aux sièges de Fontarabie, de Saint-Sébastien, Urgell et Roses.

1720-1733.

Il revient ensuite en Lorraine et occupe Nancy.

1734.

Il assiège Philippsbourg et combat à Klausen.

1741.

La guerre de la succession d'Autriche le rappelle sur le Rhin. Il fait partie du corps de MAILLEBOIS qui passe en Westphalie, où il reste jusqu'en 1742.

1742.

Le 18 septembre, les grenadiers des régiments

de Champagne et de Poitou, qui formaient l'avant-garde, sont enveloppés par une nuée de hussards autrichiens. Après un combat terrible, ces braves grenadiers, qui étaient parvenus à se retrancher dans une maison isolée, finirent par contraindre les hussards à s'éloigner. La compagnie du capitaine LA ROCHETTE était détruite.

1743.

Après l'évacuation de Prague, Poitou se mit en retraite sur Deckendorf, disputant le terrain pied à pied. Dans une lettre que le chevalier D'ESPAGNAC écrivait au Ministre d'Argenson, le fait suivant est mentionné : « Un sergent du régiment de Poitou a fait dernièrement, près de Landau, une action de distinction. Il a enlevé, avec 16 hommes, 25 cuirassiers et leurs chevaux ; cette attaque avait été précédée de la surprise de 25 maîtres qu'ils avaient égorgés ».

1744.

Poitou passe à l'armée des Alpes. Le 18 juillet, le bailli de Givry, après avoir enlevé le col de la Gardette, s'avance avec les régiments de Poitou, de Conti et de Provence, vers le col de Pont-Dermis. Le roi de Sardaigne, averti de cette manœuvre, fait couper un pont qu'il considérait comme l'unique endroit par où l'on pût arriver aux retranchements de Pierrelongue, les crêtes de ces montagnes étant impraticables. Quand ce prince aperçut les drapeaux de Poitou flottant sur les cimes, il s'écria avec dépit : « Il faut que ce soient des diables ou des Français. » Le lendemain, à six heures, la colonne se met en marche vers la redoute construite par les Piémontais dans une position formidable. Tout le bas de la montagne était palissadé sur deux rangs, et dans la redoute il y avait 4,000 hommes et 4 pièces d'artillerie. Les chemins étaient si affreux que les troupes n'arrivèrent qu'à onze heures au pied du fort, où elles furent obligées de se former lentement sous le feu de la redoute. Poitou est chargé de l'attaque du centre sous les ordres du comte de Danois. La lutte fut longue et meurtrière. Le lieutenant-colonel de la Mivoye, du régiment de Poitou, décide l'attaque en s'élançant avec les grenadiers dans les premiers retranchements. Le sergent Bossu profite du recul d'une pièce pour franchir une embrasure. Il est suivi et la redoute est emportée.

Dans son rapport au roi, le prince de Conti s'exprime ainsi : « C'est une des plus brillantes et des plus vives actions qui se soient jamais passées ; les troupes ont montré une valeur au-dessus de l'humanité ; Poitou s'est couvert de gloire. »

Il termine la campagne par le siège de Château-Dauphin et la bataille de la Madona, livrée sous les murs de Coni. En parlant de cette bataille, le général Campo-Santo s'exprime en ces termes : « Il se présentera quelques occasions où nous ferons aussi bien que les Français, car il n'est pas possible de mieux faire. »

1745-1747.

Il se signale sur le Tanaro, assiste à la journée de Plaisance (16 juin) et rentre en France, où il défend la Provence contre l'invasion austro-sarde. Il reste après la guerre sur cette frontière.

1753.

Poitou fait partie du camp d'Aimeries-sur-Sambre. Au début de la guerre de Sept-Ans, il garde les côtes de la Flandre et de l'Artois et rejoint l'armée de Soubise qui s'assemblait à Stockeim, participe à la prise de Wesel et de Juliers, marche sur la Saxe et combat à Rosbach. Malgré la défaite, Poitou se montre digne de sa vieille réputation. Le colonel comte DE REVEL est mortellement blessé, le lieutenant-colonel DUFAY est blessé et pris, le major DE BONNEVAL est blessé ; les capitaines LA VOICELLE et MAYNOT, les lieutenants SABLAS et PIGEON sont tués.

Après ce désastre, le régiment retourne sur les côtes et ne reparaît à l'armée d'Allemagne qu'en 1761.

1762.

Il fait des prodiges à Grebenstein. Une partie du corps est enveloppée et prise par la cavalerie ennemie ; douze officiers y sont faits prisonniers. Le capitaine LE ROY DE LA CHAISE est tué. Poitou est plus heureux au combat d'Amensbourg, le 20 septembre. Par sa résistance opiniâtre, il s'oppose avec succès à l'attaque de l'ennemi qui tentait le passage de la Lohn et parvient à lui faire manquer son but.

De 1763 à 1791, il occupe en France diverses garnisons sans prendre part à aucune action de guerre.

Le 1er bataillon fait partie de l'armée des Ardennes sous les ordres du général VALENCE qui commandait l'aile droite de l'armée.

1792.

21 *novembre*. — Il prend part au siège de Namur avec le colonel de VILLELONGUE.

1793.

19 *février*. — Sous les ordres du général Leveneur, il bloque Wyck pendant le siège de Maëstricht.

15 *mars*. — Il fait partie du centre de l'armée commandé par le général Dietmann. En tête de la colonne d'assaut, il aborde le village de Hœckendover défendu énergiquement par les Impériaux.

Après un combat resté célèbre pour cette division, l'ennemi se retire à Neerwinden.

18 *mars*. — Il assiste à la bataille de Neerwinden et entre deux fois dans le village qu'il n'évacue que, lorsque étant en flammes, il devient intenable.

8 *mai*. — Le 25e, fort de 1,088 hommes, formait, avec un bataillon de volontaires, la 2e brigade commandée par le général Colombe, de la 1re division (général Ihler). La position de Raismes est franchement attaquée. Kilmaine est sur le point de s'en emparer, la ligne d'abatis est forcée et les deux redoutes qui la défendent sont enlevées à la baïonnette. Mais, en ce moment, les Autrichiens débouchent du village et les empêchent de faire un pas de plus. C'est alors que Dampierre, persuadé que le succès de la journée dépend de l'enlèvement de ce poste, se met à la tête de huit bataillons dont le 25e fait partie pour emporter la redoute. Ils ont déjà franchi les abatis et tiennent la position, lorsque le général en chef a la cuisse emportée par un boulet. Cet événement malheureux refroidit l'ardeur des troupes, rompt l'ensemble et l'impulsion de leur mouvement et elles sont forcées de rétrograder sur le camp de Famars.

8 septembre. — Il prend part à la bataille de Hondschoote, où il se fait remarquer, faisant partie du centre commandé par Jourdan.

4 octobre. — Il passe sous le commandement du général Gudin dont le quartier général occupe le camp retranché de Maubeuge.

A cette époque, la Vendée était soulevée et les troupes de la République, qui avaient été envoyées pour réprimer l'insurrection, n'étaient pas en nombre et subissaient des échecs sérieux. Des renforts furent jugés nécessaires et le 25e fut envoyé dans l'Ouest. Il y resta à guerroyer jusqu'à la fin de l'année, époque à laquelle les deux bataillons entrèrent dans la composition des 49° et 50° demi-brigades de bataille.

25° DEMI-BRIGADE DE BATAILLE

ARMÉE DU RHIN

1794.

La 25e demi-brigade d'infanterie de ligne est formée au camp d'Insheim vers le 16 juin 1794 et fait alors partie de l'armée du Rhin commandée en chef provisoirement par le général Michaud.

Après son organisation, elle reste au camp d'Insheim jusqu'au 10 juillet, époque de la dissolution de ce camp. Désignée pour agir dans les gorges, elle fut envoyée à Anveiler, puis à Munchvecler.

12 *juillet*. — Elle chasse les Prussiens de Leymen et les poursuit au delà de ce village. Réunie au 2ᵉ bataillon de la 12ᵉ légère et au 1ᵉʳ bataillon de la Montagne sous les ordres du général Argoult, ces cinq bataillons forment la 1ʳᵉ colonne de la division Taponier de l'armée de la Moselle.

13 *juillet*. — Cette division s'étant portée sur Tripstadt, la colonne du général Argoult est chargée de l'attaque de droite. Malgré le feu le plus vif, cette brigade franchit tous les obstacles, emporte les batteries à la baïonnette et met les Prussiens dans une déroute complète. Elle décide la retraite de l'ennemi sur Kaiserlautern. Dans cette affaire, deux généraux prussiens et 200 hommes sont tués. On compte plus de 1,000 blessés.

La 25ᵉ demi-brigade perdit : 1 chef de bataillon, de 30 à 40 hommes et 100 blessés. Elle se distingua entre toutes par sa valeur et son élan irrésistible.

14 *juillet*. — Dans la nuit du 13 au 14, les Prussiens évacuent Tripstadt et abandonnent Kaiserlautern peu de jours après. Le 18, la division Taponier occupe cette ville.

Après les avantages obtenus dans les journées des 13 et 14 juillet, l'armée de la Moselle ayant été dirigée sur Trèves, celle du Rhin dut faire occuper les postes de Kaiserlautern, Landsthul et Kikelberg. Le développement de cette armée étant de 18 à 20 lieues, elle fut obligée de rester sur la défensive.

La 25e demi-brigade, rentrée à l'armée du Rhin, fit partie de la division réunie à Kaiserlautern sous les ordres du général Meynier.

28 *juillet*. — L'armée ayant fait un petit mouvement, les troupes de la division Meynier, qui occupaient Hochspeyer et Fichsbach, se portèrent à Erlebach et à Alsborn en avant de Kaiserlautern. En attendant que les circonstances permissent de reprendre l'offensive, nos troupes ne cessèrent de harceler l'ennemi sur tous les points, ce qui donna lieu souvent à des affaires d'avant-postes.

18 *août*. — Par suite de quelques changements dans l'organisation de l'armée, la division de Kaiserlautern prend le n° 6. La 25e demi-brigade y est maintenue et attachée à la brigade Cavrois. Les trois bataillons occupent Morlautern, Erbach et Sigelsbach.

17 *septembre*. — Dans la nuit du 17 au 18 septembre, l'ennemi s'ébranle pour reprendre l'offensive et semble vouloir attaquer Alsborn et Neuhoffen.

Le 18, de grand matin, ses principales forces se portent sur la brigade Sibaud qui, malgré d'héroïques efforts, est forcée d'abandonner les villages d'Asborn et d'Enkenbach.

Le 19, cette brigade reprend ses positions après avoir été renforcée de plusieurs bataillons, dont un de la 25e demi-brigade (1er bataillon).

20 *septembre*. — L'ennemi, renouvelant ses attaques d'une manière plus sérieuse, la 6e division est contrainte d'abandonner Kaiserlautern après des pertes sensibles. La brigade Cavrois où se trouvaient les 2e et 3e bataillons de la 25e, fait une résistance opiniâtre sur les hauteurs de

Morlautern et ne se retire que sur l'ordre précis du général Meynier.

Le même jour, cette division s'établit en arrière de Tripstadt, la 25e demi-brigade occupant Oberweidenthal. Les Prussiens cessent presque aussitôt leur mouvement offensif et reprennent leurs anciennes positions.

Le général Michaud fait de nouveaux changements dans l'armée et s'occupe des mouvements à opérer pour la jonction des armées du Rhin et de la Moselle à Lautrech pour la diriger ensuite sur Mayence.

14 octobre. — La 25e demi-brigade, dont les trois bataillons se trouvaient à Hochspeirr, passe de la 6e à la 5e division aux ordres de Saint-Cyr.

23 octobre. — Le corps de Saint-Cyr arrive à Alzeg. Le même jour, la 25e demi-brigade passe à la 1re division qu'elle rejoint à Westoffen.

1er novembre. — Cette division, commandée par Desaix, prend position devant Mayence : sa droite appuyée à Lobenheim et sa gauche à Herxtheim.

Le général Kléber prend le commandement du corps de siège. La position des troupes est assurée par des ouvrages qui semblaient vouloir renfermer Mayence dans une autre forteresse. Un quart des hommes du corps de blocus fut constamment aux hôpitaux et la moitié périt de froid et de misère. A ces fatigues, à ces cruelles privations, se joignaient encore les chances des combats journaliers avec les Autrichiens qui cherchaient à troubler les postes avancés ou les travailleurs.

Les travaux, commencés le 8 novembre, ne cessèrent que le 17 décembre après la retraite de la garnison en arrière du Rhin.

25° DEMI-BRIGADE DE LIGNE

Formée le 29 février 1796 (10 ventôse, an IV), la 25° demi-brigade de ligne ne change plus jusqu'après les désastres de 1815, époque de son licenciement. Pendant toutes les campagnes de l'Empire elle sut porter bien haut le drapeau du 25°. Dans les bons comme dans les mauvais jours, on la voit partout faisant preuve de cet esprit de discipline et de ce courage souvent héroïque qui ont laissé à ses descendants de nobles exemples à suivre en leur montrant toujours le chemin de l'honneur et en prenant une large part aux victoires les plus belles qu'une armée puisse remporter.

CAMPAGNE D'ITALIE (1796-1797)

1796

29 *février* (10 ventôse an IV). — Elle fait partie de l'armée d'Italie dont le quartier général est à Nice, division Sérurier, sous les ordres du général de brigade Dommartin.

14 *avril* (25 germinal an IV). — Augereau venait d'attaquer Provera à Millésimo. Celui-ci, posté dans les ruines du vieux château de Cossaria, vent parlementer, mais Joubert est envoyé auparavant à l'assaut de la position. Les Piémontais font pleuvoir un déluge de pierres, roulent d'énormes roches et écrasent des lignes entières. Joubert tombe percé d'une balle. A ce moment, les soldats se replient jusqu'au pied de la hauteur.

Le lendemain, l'attaque redevient générale. Envoyée pour soutenir les troupes de Joubert, la 25e emporte d'assaut les hauteurs dites de la Tête-Noire et elle y éprouve des pertes considérables. Les capitaines NAINE, MOURIN, BASSIN, les grenadiers GUY, COTON, FAUQUET, FOUDRIGUES, BERTES, LAURRANT, PINON, sont tués. Le soir, Provera finit par déposer les armes à la tête de 1,500 hommes.

18 *avril* (29 germinal). — Elle se rend au blocus de Ceva où elle reste jusqu'au 1er floréal (21 avril).

22 *avril* (2 floréal). — Colli attendait les troupes françaises à Mondovi, position difficile à enlever. L'attaque est confiée à Sérurier qui fait enlever à la baïonnette, par la 25e demi-brigade, la redoute de la Bicoque, défendue par les Piémontais avec l'énergie du désespoir. Le général de brigade Dommartin fait capituler les défenseurs et fait 3,000 morts ou prisonniers. Deux officiers de la 25e sont tués ainsi que 23 sous-officiers et soldats.

4 *mai* (14 floréal). Elle arrive à Milan, en fait le blocus et y entre le 26 floréal (15 mai) à la suite de Bonaparte.

Deux mille Autrichiens étaient restés dans la citadelle de Milan ; elle est investie sur-le-champ. La 25e demi-brigade fait partie du corps d'investissement et réprime avec énergie le soulèvement qui eut lieu après le départ de Bonaparte vers l'Adige. Elle reste à bloquer cette place jusqu'au 11 messidor (29 juin), jour où la citadelle se rend avec armes et bagages.

Thermidor. — Après avoir rejeté les Autrichiens dans le Tyrol, à la suite des batailles de Lonato et de Castiglione, Bonaparte se décide à marcher contre Wurmser qui réorganisait et renforçait ses troupes dans le haut Adige.

29 *thermidor.* — La 25ᶜ est rappelée de Milan et passe dans la division du général Sauret qui, peu de jours après, est remplacé par Vaubois.

3 *septembre* (17 fructidor).—La division se met en marche, et, après plusieurs engagements, arrive à Torbole, pointe supérieure du lac.

4 *septembre* (18 fructidor). — Une division autrichienne était établie au camp de Mori pour faire tête aux troupes de Vaubois, remontant la chaussée de Salo à Roveredo.

Pendant que Bonaparte sur la rive gauche, à la tête des divisions Masséna et Augereau, emportait de vive force le défilé de San Marco et forçait les Autrichiens à se retirer sur Roveredo, Vaubois l'attaquait. La 25ᵉ emportait deux redoutes d'assaut, prenait deux pièces de canon et faisait 1,800 prisonniers sous les yeux du général Vaubois. Dans la nuit du 4 au 5, la division Vaubois passe l'Adige et opère sa jonction avec les divisions Masséna et Augereau.

5 *septembre* (19 fructidor). — Arrivé à Trente, le matin à 8 heures, Bonaparte apprend qu'il n'a eu à combattre que la moitié des forces ennemies et que Wurmser s'est dirigé sur Bassano. Son parti est bientôt pris et les dispositions arrêtées à l'instant pour se mettre à ses trousses par les gorges de la Brenta. Davidowich avait pris une position retranchée derrière le Lavis. Il faut d'abord l'en chasser. Les trois divisions étant réunies, Bonaparte fait accélérer la marche de Vaubois et se porte de sa personne à l'avant-garde pour en diriger les attaques. La division arrive à 6 heures du soir devant la position, qui était formidable. Il fallait passer le Lavis sur un pont dont le débouché était fortement gardé. L'avant-garde, voulant enlever la position, est obligée de se replier. Une nouvelle attaque est encore repoussée. C'est alors que la 25e, ayant à sa tête le général Dallemagne, passe le pont sous le feu de l'ennemi retranché dans le village et fait un nombre considérable de prisonniers avec leurs chevaux. Le soir, Vaubois rend compte au général en chef de la façon dont la 25e demi-brigade s'est conduite en enlevant le pont de Lavis.

Après ce brillant fait d'armes, la division Vaubois occupe une position d'observation sur le Lavis, chargée de contenir les débris de l'aile droite autrichienne et de garder les débouchés du Tyrol, jusqu'au moment où Davidowich, opérant avec Alvinzi, vient attaquer cette division. Vaubois devait attendre les avant-postes ennemis au delà de Trente et chercher à les déloger des positions entre le Lavis et la Brenta.

2 *novembre* (12 brumaire an V). — Sous les ordres du général Guyeux, la 25e attaque les postes de Cembra et de Saint-Michel, enlève la position de vive force et fait 300 prisonniers. Elle perd, dans ce combat, 3 officiers et 20 sous-officiers ou soldats tués et 60 blessés.

Malheureusement, l'attaque sur Segonzano ne réussit pas, et, malgré le succès de Saint-Michel, la 25e reçoit l'ordre, dans la nuit, de se retirer en abandonnant les positions conquises pour rejoindre le gros de la division Vaubois, qui occupait le pont de Calliano. Cette retraite se fit avec peine, suivie de près par l'avant-garde ennemie. Dans ces journées, le chef de bataillon Gagonet fut cité à l'ordre de l'armée pour son entrain et son courage. C'est à lui en partie que fut dû le succès de l'engagement.

6 *novembre* (16 brumaire). — Battu à Calliano, Vaubois choisit une position formidable : la gauche appuyée à l'Adige, sa droite à des montagnes inaccessibles. C'est là que Davidowich cherche à se frayer un passage en attaquant le château de la Piétra, occupé par la 25° demi-brigade (1er et 3e bataillons).

Ces deux bataillons attendent que l'ennemi soit à portée, sortent de leurs retranchements et chargent avec une telle vigueur qu'ils font 400 prisonniers. Le 2e bataillon, qui était à Vigola sous les ordres du commandant Gagonet, est cerné, et, après trois sommations auxquelles il ne répond pas, il se fait jour à la baïonnette et vient rejoindre la division.

7 *novembre* (17 brumaire). — Le lendemain, Davidowich recommence l'attaque avec plus d'acharnement. La 25° occupe toujours le château de la Pietra, que les Autrichiens parviennent à atteindre pendant un moment. Sous le commandement de Venoux, dont la mémoire seule suffirait à illustrer les fastes du 25°, la demi-brigade se précipite sur l'assaillant et lui fait encore 200 prisonniers.

8 *novembre* (18 brumaire). — Vaubois se retire sur la Corona en cotoyant la rive droite de l'Adige.

10 *novembre* (20 brumaire). — Sous les ordres du général Guyeux, la 25e quitte la Corona pour aller soutenir la division Masséna qui battait en retraite devant Alvinzi.

12 *novembre* (22 brumaire). — La brigade

Guyeux, détachée de la division Vaubois, passe sous les ordres de Masséna.

14 *novembre* (24 brumaire). — Elle se rend à Ronco.

15 *novembre* (25 brumaire). — Pendant que les divisions Masséna et Augereau attaquaient de front le pont d'Arcole et la chaussée de Porcil, la brigade Guyeux avait été détachée vers Albaredo avec l'ordre de passer l'Adige en bac, afin de tourner Arcole et de faciliter l'attaque de front sous la protection de quelques pièces d'artillerie. Elle réussit à passer l'Adige et repousse les tirailleurs ennemis. La 25e emporte deux postes à la baïonnette et se dirige sur Arcole, qu'elle fait évacuer un instant par les Impériaux. La division Augereau, n'ayant pu franchir le pont, et des forces considérables ennemies faisant mine de reprendre l'offensive, Bonaparte trouva dangereux de passer la nuit dans la position où se trouvaient ses troupes, et ordonna la retraite sur la rive droite de l'Adige. Le soir, l'armée se trouvait à Ronco.

16 *novembre* (26 brumaire). — Le lendemain, les divisions repassent l'Adige au point du jour. Masséna, qui avait sous ses ordres la 25e, attaque sur-le-champ la colonne de Provera, la rejette dans Porcil et lui fait 600 prisonniers, en lui prenant 6 pièces de canon et 3 drapeaux. Mais l'insuccès de la colonne Augereau arrête la marche en avant de Masséna et, le soir, on doit reprendre les positions de la nuit précédente sur la rive droite de l'Adige.

17 *novembre* (27 brumaire). — Augereau, sous la conduite de Bonaparte, passe l'Alpon à son confluent pour tourner la gauche des Autrichiens.

Pendant ce temps, la division Masséna dispose ses troupes sur les chaussées de Porcil et d'Arcole, et soutient, pendant tout le mouvement d'Augereau, une lutte victorieuse. La 25ᵉ demi-brigade, soutenue par plusieurs escadrons, est envoyée sur Porcil pour en chasser l'ennemi et couvrir les communications des ponts. Ce mouvement s'opère victorieusement, et les Autrichiens, enveloppés de toutes parts, battent en retraite dans la direction de San-Bonifacio, épuisés de cette lutte de géants.

Le colonel VENOUX, à la tête de sa demi-brigade, poursuit l'ennemi et arrive devant un château où s'était réfugiée une partie des troupes en fuite. Après trois sommations, VENOUX se précipite dans le château et fait 500 prisonniers, dont 10 officiers. Le brave chef de bataillon GARAUD fut blessé dans cette attaque et mourut de ses blessures.

Après ces sanglantes journées, les armées prennent un repos dont elles avaient grand besoin et campent dans la plaine.

20 *novembre* (30 brumaire). — La 25ᵉ se porte à Caldiero, sous les ordres du général Leclère, au secours de Vaubois, qui venait d'abandonner Rivoli devant les attaques de Davidowich.

22 *novembre* (2 frimaire). — Elle est cernée dans la nuit, mais, protégée par l'artillerie légère et la cavalerie, elle se retire en avant de Saint-Michel.

27 *novembre* (7 frimaire). — Masséna, à la tête de la 25ᵉ, reprend les positions occupées le 22 novembre entre Caldiero et Villanova. Davidowich se retire sur le Tyrol où il n'est pas

poursuivi et la demi-brigade vient occuper Vérone. Elle caserne au faubourg Saint-Georges, aux châteaux Saint-Félix et Saint-Pierre.

La division Masséna est envoyée au secours de Joubert dans la vallée de l'Adige. La 25ᵉ est laissée devant Vérone pour observer le corps de Bayalitsch pendant que Bonaparte achève de détruire les Impériaux à Rivoli.

1797.

22 *janvier* (2 pluviôse). — Masséna se porte sur le corps de Bayalitsch qui avait ordre de défendre Bassano afin de donner le temps à Alvinzi de rallier ses troupes dans la vallée de la Brenta. La 25ᵉ demi-brigade se porte sur Montebello, sous les ordres du général de brigade Ménard ; elle en repart presque aussitôt pour Bassano et Vicence.

27 *janvier* (7 pluviôse). — Ayant appris que l'ennemi avait, dans la nuit, évacué Bassano, Masséna ordonne à Ménard de longer la rive droite de la Brenta par Vastagna avec la 25ᵉ demi-brigade pour s'emparer du pont de Carpenedolo, pendant qu'un bataillon de la 32ᵉ marcherait sur le même point par la rive gauche. Les Autrichiens, retranchés en avant de Carpenedolo, surpris de cette attaque, sont, malgré une énergique défense, obligés de battre en retraite et laissent 1,100 hommes, dont 900 prisonniers et plusieurs pièces de canon. La 25ᵉ, conduite par le général Ménard, se précipite à leur poursuite par la rive droite de la Brenta, les culbute encore à Saint-Lazare où ils avaient fait mine de s'arrêter et les poursuit jusqu'à Carpenedolo où étaient massées ses forces évaluées à 3,300 hommes et trois pièces de canon. Les Impériaux défendent vaillamment le pont dont les planches étaient enlevées. Cet obstacle n'empêche pas la 25° de le franchir, et, avec un entrain irrésistible, elle se précipite sur la rive gauche de la Brenta et fait 800 prisonniers dont 24 officiers.

Les capitaines ROUART et MONNIER sont tués au passage du pont. Les capitaines FAUGET et FOURTINES, les lieutenants GIRAUD et BORY sont blessés.

Les pertes de la 25° se montent à 6 tués et 23 blessés. Elle revient ensuite à Bassano rejoindre le gros de la division Masséna jusqu'au moment où elle va prendre part à la dernière phase de la lutte, la campagne contre l'archiduc Charles sur les rives du Tagliamento.

11 *mars*. — Le 1er bataillon, sous les ordres momentanés du général Dumas, se porte sur Feltre, les 2° et 3° sur Sorgho. A Feltre, l'ennemi s'est déjà replié, mais y laisse son ambulance de 82 malades et 44 fusils.

A Sorgho, cent chariots et deux pièces de canon abandonnés par les Impériaux, tombent entre nos mains.

16 *mars*. — La demi-brigade se trouve réunie à Musolenté.

21 *mars*. — Elle bivouaque sur les hauteurs en avant de Tarvis après un combat d'avant-garde.

22 *mars*. — Le lendemain, dès la pointe du jour, elle reçoit l'ordre de se mettre à la poursuite de l'ennemi retranché à Rasol et à Flitoche. La position est cernée et, le jour même, une partie de la brigade Ocksay capitule. Outre les pertes que la 25° de ligne fait subir aux Autri-

chiens, elle s'empare de deux cents chariots chargés de munitions avec leurs attelages. Ce fut le
chef de brigade VENOUX qui fut chargé par Masséna de porter à Ocksay les clauses de la capitulation.

Dans ce combat, il convient de citer les trois
compagnies d'éclaireurs de la demi-brigade qui
se comportèrent avec une audace sans pareille,
et le caporal CHARLOT qui enleva un drapeau à
l'ennemi.

Après cette brillante affaire, Bonaparte, maître
des débouchés qui conduisent de l'Etat de Ve-
nise en Allemagne, s'empresse d'aller prendre
position sur les bords de la Drave. La division
Masséna attend quelques jours dans cette position pour assurer les communications avec le
corps de Joubert qui opérait dans le Tyrol.

29 mars (9 ventôse). — La division Masséna
se met en marche sur Klagenfürth où la division
Mercantin s'était retranchée et avait accumulé
son artillerie. La 25º formait l'avant-garde; elle
reçoit l'ordre de s'emparer des hauteurs et du
bois situés sur la gauche de Klagenfürth. Elle
s'y élance, ayant à sa tête le général Ménard.
L'ennemi ne sait résister à l'impétuosité de ces
soldats qui le forcent, la baïonnette aux reins,
à descendre dans la plaine où étaient rassemblées
les réserves. Ménard fait alors masser la 25ᶜ
demi-brigade et descend dans cette plaine où les
Impériaux, rangés en bataille, attendaient en silence le moment du combat.

Arrivé en présence de ces masses imposantes,
Ménard fait faire halte à la brigade, attendant,
pour prononcer son attaque, que notre cavalerie
exécutât la charge. Masséna apparaît à ce mo-

ment avec tout son brillant état-major, à la tête
de sa cavalerie. De part et d'autre, le signal de
l'attaque est donné, et, après une terrible mêlée
où la 25° se couvrit de gloire, l'ennemi en désordre évacue Klagenfürth et se retire à une
lieue en arrière.

Dans ce mémorable combat, le 1er bataillon,
commandé par le chef de bataillon MORANGIER
qui, par ses qualités militaires, s'acquit une
vraie réputation, contribua beaucoup au succès
de la journée.

Le sergent-major ANICEL se distingua particulièrement : se trouvant avec quelques hommes
dans un bois épais où l'ennemi battait en retraite,
il est, à un moment, enveloppé par 30 Autrichiens qui le somment de mettre bas les armes.
A ces mots, nos hommes s'élancent sur les
agresseurs et les font prisonniers.

2 avril. — Trois jours après, ce 1er bataillon,
dont le chef vient d'être cité, atteint sous Neu-
mark les Autrichiens battant en retraite. Ceux-
ci mettent le feu, en se retirant, à d'immenses
magasins de farine. Nos éclaireurs arrivent à
temps pour éteindre l'incendie et sauver plus
de la moitié des approvisionnements qui con-
tribuèrent à alimenter la division dans un
pays où elle ne trouvait aucun moyen de sub-
sistance. Le bataillon, toujours aux prises avec
les Autrichiens, rencontre des forces telle-
ment considérables, qu'il voit le moment où
il va être obligé de lâcher pied. Masséna envoie le 2° bataillon au secours du 1er. Mais il
n'obtient pas un meilleur résultat. Le 3° bataillon arrive bientôt, il reçoit l'ordre de se
précipiter dans la gorge et de tenir la grande

route pour faire cesser le feu de l'artillerie qui nous écrase.

La 32° est envoyée au secours de là 25°. Les chances étant devenues alors à peu près égales, l'ennemi bat en retraite. L'artillerie, obligée de traverser la gorge, ne pouvait plus nous protéger, et les Autrichiens se retirèrent lentement en nous infligeant des pertes cruelles.

La nuit seule mit fin à cette glorieuse journée. La 25° reçut l'ordre du général Ménard d'arrêter la poursuite et de rester sur les positions occupées le matin par les Impériaux. Dans cette affaire, l'intrépide capitaine CHABÈRE trouva la mort en combattant à la tête de ses hommes. Tous ceux qui l'ont connu ne peuvent que le regretter. Le pays a perdu en lui un vaillant soldat et un vrai patriote.

Le chef du 2° bataillon, DELONGES, fut blessé d'une balle à la jambe. GOGUET, chef du 3° bataillon, commandant alors la demi-brigade en l'absence du colonel VENOUX, resté dangereusement malade à Klagenfürth à la suite des fatigues de la campagne, eut un cheval tué sous lui.

Dans tous les rangs, cette journée fut témoin de nombreux actes de courage.

Entre autres, le sergent TISSOT, après avoir été dangereusement blessé, se fait porter par deux de ses camarades. L'ennemi résistant encore, il s'asseoit au pied d'un arbre, ses jambes refusant absolument de le porter et fait le coup de feu jusqu'à ce qu'un biscaïen vienne lui ôter le peu de vie qui lui reste.

3 avril. — La division Masséna se porte à Scheifling, village situé à l'embranchement des routes d'Allemagne et d'Italie.

4 avril. — Le lendemain, la 25ᵉ occupait Judenbourg. Elle apprend que les Autrichiens demandent une suspension d'armes. Elle reste à Léoben pendant toutes les négociations et est envoyée le 5 floréal (25 mai) à Gorizia, puis à Padoue, en attendant l'expédition d'Egypte où Bonaparte ne voulut emmener que l'élite de ses troupes. La 25ᵉ méritait d'en faire partie.

Un état de cent sabres d'honneur donnés à l'armée d'Italie le 30 ventôse an V (20 mars 1797) par le général en chef, comprend les sous-officiers et grenadiers suivants de la 25ᵉ :

Julien, sergent, pour avoir passé le premier le pont de Carpeneto, à l'affaire de la Brenta ;

Charlot, sergent, pour avoir pris un drapeau à l'affaire de Lavis et un autre à Tarvis ;

Joseph Bertier, grenadier, pour avoir passé le premier le pont de Lavis ;

Labolli, grenadier, pour avoir passé le premier le pont de Carpeneto.

CAMPAGNE D'ÉGYPTE (1798)

9 mai. — La 25ᵉ, rappelée d'Italie, arrive à Toulon le 25 avril. Elle apprend qu'elle fait partie de la division Kléber avec la 2ᵉ légère et la 75ᵉ de ligne, et elle s'embarque, à l'effectif de 1,500 hommes environ, avec le général Dugua (Venoux, chef de demi-brigade) sur :

Nombre de :		Compagnies.	Officiers.	Sous-officiers.	Soldats.
Le *Peuple Souverain*	1ᵉʳ bᵒⁿ.	9	33	57	377
Le *Montenotte*		3	13	26	162
La *Mantoue*	2ᵉ bᵒⁿ.	3	12	24	172
L'*Arthémise*		2	9	17	192
L'*Heureux*	3ᵉ bᵒⁿ.	8	24	57	341

19 *mai.* — L'escadre, à la suite du *Franklin* sur lequel était monté le général Kléber, lève l'ancre et se dirige vers l'île de la Magdelaine au sud de la Corse, puis cingle vers l'île de Malte où elle paraît le 9 juin.

27 *juin, en mer.* — L'amiral Brueys reçoit l'ordre de mettre en première ligne et de réunir les vaisseaux *le Franklin, le Peuple Souverain, l'Heureux, le Montenotte, la Mantoue* et *l'Arthémise* qui doivent, aussitôt arrivés devant Alexandrie, procéder au débarquement des troupes qu'ils transportent.

1er *juillet.* — La flotte arrive en vue d'Alexandrie. Malgré une mer houleuse et un vent contraire, Bonaparte, craignant à chaque moment de voir apparaître l'escadre de Nelson, ordonne le débarquement des troupes de première ligne parmi lesquelles se trouvaient les 25e et 75e demi-brigades sous les ordres du général LANNES nommé le jour même au commandement de la brigade. Les écueils dont ces parages sont remplis, la violence des vents qui empêchait les chaloupes de se réunir mirent quelque désordre dans la flottille. Bonaparte, au milieu de ses troupes, faillit être englouti dans les flots ; plusieurs barques échouèrent à ses côtés et quelques hommes périrent.

2 *juillet.* — A une heure du matin, la 25e mettait le pied sur le sol africain. A 4 heures, on n'avait encore réuni à terre que 5 ou 600 hommes des divisions Bon, Menou et Kléber, sans cavalerie ni artillerie. Malgré la faiblesse de ces moyens, Bonaparte ne crut pas devoir différer de marcher sur Alexandrie. Il divisa ses troupes en trois colonnes.

La colonne de gauche, conduite par Menou, suivit la plage vers l'ouest de l'enceinte. Kléber avec la 25e et la 75e se dirigea du côté de la colonne dite « de Pompée » où Bonaparte se porta de sa personne. Une troisième colonne, sous les ordres du général Bon, marcha à l'est sur la porte de Rosette.

Bonaparte se mit en route dans cette formation et à 8 heures du matin, Alexandrie était investie. La garnison fut sommée de se rendre. Enhardis par le petit nombre des assaillants et encouragés par les habitants, les janissaires répondirent à coups de canon et vinrent border l'enceinte de la ville arabe en poussant des hurlement épouvantables. Kléber, au centre, ayant mis les grenadiers de la 25e et de la 75e en tête, s'ébranle de la colonne de Pompée, atteint le pied de la muraille et désigne déjà à ses grenadiers l'endroit où ils devaient monter, lorsqu'une balle le frappe au front et le renverse. A cete vue, les deux demi-brigades, jalouses de venger leur général, escaladent la muraille et pénètrent dans la place en massacrant tout ce qui se trouvait sur leur passage.

Le soir, la place et les deux ports étaient au pouvoir des Français.

3 *juillet*. — Le général Dugua est nommé au commandement de la division en remplacement de Kléber, que sa blessure empêche de suivre l'armée.

4 juillet. — Extrait du rapport du général de brigade Lannes au général Kléber.

Quartier général d'Alexandrie, le 6 messidor, 6ᵉ année de la République française une et indivisible.

Au général de division Kléber.

« Je vous aurais déjà fait le rapport, citoyen général, de l'affaire d'avant-hier, si je n'eusse cru vous déranger, sachant que vous aviez été blessé.

« La 25ᵉ demi-brigade a marché d'après vos ordres sur la ville où était retranché l'ennemi. Après une vive fusillade, elle s'est emparée des hauteurs et est descendue ensuite sur la ville en escaladant les murs. Deux militaires de cette demi-brigade se sont particulièrement distingués. Il ont pris un drapeau à l'ennemi au milieu d'une fusillade des plus terribles. J'ai demandé au général en chef de l'avancement pour ces deux militaires. »

8 *juillet*. — La division DUGUA est campée autour de Rosette, la droite appuyée à la porte d'Alexandrie, la 25ᵉ au centre, entre la 2ᵉ légère et la 75ᵉ demi-brigade.

11 *juillet*. — La division et sa flottille rejoignent à Ramanieh l'armée de Bonaparte qui avait passé avec quatre divisions par les plaines du désert et se trouve la première en présence de Mourad-Bey qui, avec ses mamelucks et deux à trois mille fellahs, avait pris position à la hauteur de Chébreiss, la gauche appuyée à ce village où il avait construit quelques batteries ; la droite au Nil où se trouvaient huit à dix chaloupes canonnières. La flottille de Dugua ne se sauva qu'en mettant à terre une partie des troupes qu'elle avait à bord. La 25ᵉ en faisait partie. Bonaparte, averti par la canonnade, doubla le pas. Les cinq divisions se formèrent en carrés par échelons, les bagages au centre. La division DUGUA formait l'échelon de gauche et DESAIX celui de droite. Aussitôt que les mamelucks aperçurent les premiers échelons, ils sortirent de Chebreiss et manœuvrèrent pour déborder la droite. Mais, bientôt intimidés par quelques coups de canon tirés à demi-portée, ils se replièrent sur leur position. La bataille était gagnée et la route du Caire était libre.

21 juillet (3 thermidor). — La 25ᵉ assiste à la bataille des Pyramides formant, dans la division Dugua, le centre de l'armée de combat sous les yeux de Bonaparte.

24 juillet (6 thermidor an VI). — Le général Dugua reçoit l'ordre de passer le Nil le lendemain et d'aller s'établir avec sa division à Boulac.

Le général Lannes étant nommé au commandement de la division Menou, est remplacé par le général Verdier.

7 août. — La division Dugua est envoyée à Mansourah, avec l'ordre d'organiser l'administration, de presser la remonte de la cavalerie dans cette province et de pourvoir enfin à la défense de la frontière pendant que la division Desaix recevait pour mission de poursuivre les débris de l'armée de Mourad et de soumettre la Haute-Egypte.

La 25ᵉ trouva néanmoins pendant ce temps l'occasion de se distinguer dans plusieurs combats, en réprimant des insurrections partielles.

18 septembre. — Le général Verdier écrit ce qui suit au général de division :

Je suis parti de Mansourah à 6 heures du soir avec deux bataillons de la 25ᵉ et deux compagnies de la 75ᵉ formant environ 600 hommes. Je ne suis arrivé que le 27 au soir devant le village d'Hanout. Je l'ai dépassé de deux lieues pour donner le change aux Arabes qui nous suivaient le long du Nil. Cette marche leur a fait croire que ce n'était point à eux que j'en voulais. Pendant la nuit, j'ai envoyé chercher le cheik du village d'Hanout, que vous m'aviez annoncé devoir me servir de guide.

Avant le jour, j'ai fait redescendre mes barques vis-à-vis du hameau de Cafr-Hanout, au centre du camp des Arabes éloigné du rivage de 800 à 900 toises. J'ordonnai au chef de brigade Laugier de marcher promptement sur le camp avec les deux compagnies de grenadiers de la 25e afin d'y mettre le désordre et de nous donner le temps de descendre avec tout notre monde. Ils repoussèrent 300 Arabes, obligèrent les autres à tout abandonner pour défendre le camp déjà débordé par l'avant garde.

Avec le reste de la 25e demi-brigade, j'ai marché droit au camp. L'ennemi, mis en complète déroute, a fui à travers les terres inondées et s'est rallié sur les hauteurs qui entourent Loubat. Nous l'avons forcé de nouveau ; renonçant alors à toute défense, les Arabes ont cassé leurs armes pour passer le Nil entre Schouara et Loubat. Une partie s'est noyée. Ceux qui se sont sauvés sont nus. Leurs moutons, chameaux et chevaux sont entre nos mains. Tout le monde a fait son devoir.

Le même jour, le commandant Delonge, de la 25e, partait de Mansourah avec un détachement de 160 fusiliers et d'une compagnie de grenadiers de la demi-brigade, pour venir à Damiette se mettre sous les ordres du général Vial. Arrivé à la hauteur des villages de Mitrecolé et de Kaffrechatye, des djermes sur lesquelles il était embarqué furent assaillies par les Arabes qui apparurent comme une nuée sur les bords du fleuve pour barrer le passage. Une des barques s'engrave. Immédiatement, l'ennemi tente l'abor-

dage, tue quatre hommes et en blesse trois, et
ce n'est qu'au prix des plus grands efforts qui
coûtent la vie à trois de nos grenadiers que le
détachement se fraie un passage à travers ces
peuplades insurgées. Le troisième jour complé-
mentaire, DELONGES arrivait à Damiette et
repartait le lendemain avec le général Vial
pour donner la chasse aux tribus qui, depuis
quelque temps, inquiétaient la garnison. L'ennemi fut délogé et ses villages pillés et brûlés.
Le rapport du commandant sur cette journée
glorieuse se termine en ces termes :

J'ai eu, dans cette affaire, 20 hommes tués ou blessés.
Je né dois pas laisser ignorer à mes chefs la conduite
du brave grenadier FAUSSOUX qui enleva aux Arabes un
de leurs drapaux. Cet homme s'est toujours parfaite-
ment bien conduit. C'est un ancien militaire qui mérite
autant par sa bravoure que par sa manière de servir.

Les officiers, sous-officiers et volontaires se sont par-
faitement conduits dans cette affaire.

22 septembre. — Le général Vial écrivait au
général Dugua la lettre suivante :

Schouara a été enlevé hier et brûlé. Nous avons fait
une boucherie de ces Arabes que les rizières et trente-
un bateaux sur le lac ont un peu protégés. J'ai été
extraordinairement content des troupes de la 25e. Si
j'avais eu des barques, j'étais de suite à Elmenzeh. Je
l'exécuterais encore, mais pas une barque.
J'ai tué 300 Arabes, pris deux pièces de canon,
quatre drapeaux, trois barques, brûlé et pillé Schouara.
Trois heures après mon départ, j'étais rentré à Damiette
On n'a pas idée de la jeanfoutrerie de ces coquins-là;
elle n'a d'égale que la valeur de nos troupes.

Le supplément extraordinaire à l'ordre du
jour du 4 vendémiaire relate les faits mention-

nés dans le rapport du commandant DELONGES, et la lettre du général Vial, félicitant le citoyen FAUSSOUX, de la 2e compagnie de grenadiers, sur sa brillante conduite.

Dans cette glorieuse journée, 10,000 Arabes ont été attaqués et battus par 500 Français.

23 *septembre*. — La 25e demi-brigade est informée par le général en chef qu'elle doit inscrire en lettres d'or, sur son drapeau, les batailles suivantes :

> *Prise d'Alexandrie ;*
> *Bataille de Chebreiss ;*
> *Bataille des Pyramides.*

24 *septembre*. — Le 3e bataillon passe sous les ordres du général Lanusse à Menouf.

Les 1er et 2e bataillons quittent Mansourah pour tenir garnison à Damiette.

29 *septembre*. — Le général Lanusse, avec le 3e bataillon de la 25e et un bataillon de la 75e, rejoint à Ranhazel le général Murat, envoyé dans les environs de Mit-Kamar pour attaquer la tribu de Dorne, qui interceptait nos communications entre Mansourah et Damiette.

La colonne descendit le Nil toute la nuit et s'arrêta à la pointe du jour devant le village d'El-Goraïb. Une heure après, elle effectua son débarquement. Cent hommes furent laissés pour la garde des barques, et le reste marcha sur le village de Dondédy.

Les Arabes, à l'approche des Français, s'étaient retirés derrière les murs des maisons en coupant les digues de tous les canaux. Les généraux en tête, la colonne s'élança en avant, ayant de l'eau jusqu'à la ceinture.

Dondédy fut enlevé, et l'ennemi, qui n'avait pas attendu notre attaque, s'était replié sur la montagne avec ses troupeaux, occupant le village de Mittel-Faroux ; Murat vit, à ce moment, qu'ils se préparaient à combattre en cherchant à nous envelopper. Murat à droite, Lanusse à gauche, donnent immédiatement l'ordre d'attaque, et le village de Mittel-Faroux fut enlevé par les grenadiers de la 25ᵉ.

Les Arabes se retirèrent dans leur camp, éloigné de 1,800 toises de la montagne. Situé dans un terrain sablonneux, planté de roseaux, entouré de canaux très larges et très profonds, ce camp semblait imprenable. L'ennemi ne faisait aucun mouvement, tant il se croyait à l'abri de toute attaque. Lanusse fut chargé d'enlever ce réduit. Ses troupes étaient harassées de fatigue et semblaient ne plus pouvoir avancer. Electrisées par l'exemple de leur chef, qui fait un appel à leur courage et à leur vieille réputation, elles se précipitent dans l'eau, tenant leurs fusils et leurs gibernes au-dessus de leurs têtes. En moins de trois quarts d'heure, elles étaient dans le camp retranché, faisant un massacre de tout ce qui se trouvait devant elles.

1799.

13 janvier. — Le général Verdier fait une expédition contre les Arabes de Derne avec 100 hommes de la 2ᵉ légère, une compagnie de grenadiers de la 25ᵉ et la compagnie à cheval des janissaires de Mansourah. Un homme, caché dans la chambre du général, attente à ses jours et met en morceaux le corps de son domestique.

Le général Verdier termine son rapport en disant : « Leclerc, adjudant-major de la 25°, a montré beaucoup de bravoure et m'a beaucoup secondé. »

Ce fait d'armes met fin aux exploits de la 25° demi-brigade pendant la première période de la campagne d'Egypte, et elle attend à Damiette le départ de Bonaparte pour la Syrie, où elle le suit et coopère largement aux grandes luttes de cette campagne.

28 *janvier*. — Le général Dugua est nommé au commandement du Caire et remplacé par Kléber pour faire l'expédition de Syrie.

La division est composée de la façon suivante :

Général Verdier :

2 bataillons de la 75° ;

2 bataillons de la 25°.

Général Junot :

2° demi-brigade d'infanterie légère.

Elle s'embarque en entier sur le lac Menzaleh, et arrive au camp de Lathié.

22 *pluviôse, an VII*. — Kléber envoie au chef du génie l'ordre de partir avec 100 sapeurs, 45 hommes de la 75° et 100 grenadiers de la 25°, pour se porter à El-Arisch, où la division Reynier se trouvait aux prises avec les troupes d'Abdallah, et il suit lui-même cette avant-garde à vingt-quatre heures de distance. La division Kléber forme l'investissement de la place avec la division Reynier, et la bloque jusqu'à l'arrivée des divisions Lannes et Bon.

Après la capitulation de cette place, la division Kléber se dirige sur Gazza, où, le 27 février 1799, elle rencontre Abdallah qui avait sa droite appuyée au mamelon d'Hébron. Il n'occupait pas la ville, mais seulement le fort, armé de quelques grosses pièces d'artillerie.

Kléber occupe la gauche, ayant à sa droite la division Lannes qui formait le centre. C'est la 25e qui commence l'attaque, donnant, tête baissée, dans la vallée entre Gazza et la droite de l'ennemi, pendant que la division Lannes attaquait de front la position. Les Turcs ne résistèrent pas à ce choc impétueux et battirent en retraite, évacuant toutes les positions. L'attaque de gauche avait été menée avec une telle violence, que les pertes furent presque nulles.

7 mars. — Le lendemain de la prise de Jaffa, Kléber se porte dans la forêt de Mesky. Diverses reconnaissances envoyées dans les montagnes eurent des rencontres assez vives qui annonçaient la présence de l'ennemi.

Kléber donna l'ordre au général Dumas de partir à la pointe du jour avec un détachement composé de 400 hommes (25e demi-brigade), pour faire une reconnaissance sur le chemin qui conduit aux montagnes de Naplouse.

Extrait du compte rendu de la reconnaissance :

La cavalerie occupait à peine le village d'Habley que quelques Arabes commencèrent à tirer. L'infanterie les fit reculer. Nous entrâmes ensuite dans une gorge fort étroite, suivant un chemin difficile. Au bout d'une demi-heure de marche, nous vimes les hauteurs de gauche se couvrir de paysans ennemis. On envoya un guide pour les engager à la tranquillité. Ce guide ne revint pas. La fusillade commença Quelques pelotons de grenadiers gravirent les hauteurs. L'ennemi se retirait à notre approche. Pendant cinq heures, il recula de

mamelons en mamelons. Arrivé près du village d'Ha-
zoun, il se renf' rça et la fusillade devint beaucoup plus
vive. Nous parvînmes cependant dans le village. La nuit
venue, nous campâmes sur le haut de la montagne. Je
ne jugeai pas à propos d'aller plus loin dans un pays
aussi difficile, et repartis à la pointe du jour. Les
paysans, enhardis par cette démarche qu'ils regardè-
rent comme une fuite, nous poursuivirent avec acharnement jusque dans la plaine On ne saurait donner trop
d'éloges aux deux compagnies de grenadiers de la 25ᵉ
qui couvraient la retraite sur les hauteurs.

Général DUMAS.

Le général Dumas fut grièvement blessé dans
cette reconnaissance.

15 mars. — Rejoint par l'armée, Kléber se
met en marche sur Zetta. L'avant-garde, dont fait
partie le 2ᵉ bataillon de la 25ᵉ, rencontre le
corps de cavalerie d'Abdallah qui occupait les
hauteur de Quaqoûn. Les divisions Kléber et
Bon, formées aussitôt en carré, marchent sur
l'ennemi qui, après différentes feintes, évite le
combat.

L'armée bivouaque le soir à la tour de Zetta.

La 25ᵉ occupe Kaïffa où Kléber arrive le lendemain avec le reste de sa division. Cette ville
avait été abandonnée par l'ennemi qui y avait
laissé vingt mille rations de biscuit et de riz.

19 mars. — L'armée arrive devant Saint-Jean-
d'Acre.

BATAILLE DU MONT-THABOR

16 avril. — Vingt mille hommes de cavalerie
entouraient la division de Kleber, forte de 2,000
hommes. Celui-ci repoussait avec autant de
valeur que de sang-froid les charges de l'en-

nemi. Nos vieux soldats comprenaient le danger de leur position et les plus intrépides com-
mençaient à souhaiter qu'on enclouât l'artillerie
et qu'on se fît jour par les hauteurs escarpées
de Nazareth. Kléber venait de se décider à
abandonner son artillerie et ses blessés et faisait
former la colonne pour percer le passage, lorsqu'une salve d'artillerie annonça la présence de
Bonaparte qui, à marche forcée, arrivait sur le
théâtre de l'action.

Kléber eut 300 hommes tués. L'ennemi éprouva
des pertes considérables pendant les charges
qu'il exécuta sur les carrés de Kléber, pertes
qui s'accrurent encore pendant la retraite. Plusieurs milliers de nos adversaires se noyèrent
dans le Jourdain dont les eaux, subitement éle-
vées, avaient rendu le gué infranchissable.

10 mai. — La prise d'Acre devenait de plus
en plus difficile, et Bonaparte, pensant lever
le siège de cette place, fit revenir sous les murs
de la forteresse la division Kléber, qui formait
l'armée d'observation. Ce jour même, un dernier
assaut fut tenté. Bonaparte, au pied de la brèche, encourage, par son regard et ses paroles, les
assaillants : les grenadiers de la 75° et de la 19°,
et les carabiniers de la 2° d'infanterie légère. Les
premiers postes sont égorgés, mais la garnison
tient toujours ferme derrière les coupures et les
nouveaux retranchements qui arrêtent cette
attaque impétueuse.

A 4 heures du soir, le chef de brigade VENOUX,
de la 25°, se présente devant Bonaparte en lui
demandant l'honneur de tenter un dernier assaut
à la tête de ses grenadiers. « Ce soir, Saint-Jean-
d'Acre sera à nous, dit-il, ou VENOUX sera tué. »

Les braves s'élancent, mais l'ennemi, prévenu, avait renforcé ses lignes et il fallut se retirer. Ces trois assauts coûtèrent la vie à 500 hommes. VENOUX y fut tué et le général Bon blessé à mort. Le général Verdier se couvrit de gloire.

13 mai. — Le capitaine de grenadiers BAZAN-COURT, de la 25ᵉ, est nommé chef de bataillon en récompense de sa brillante conduite devant Acre, et le chef de bataillon NORANGIÈS nommé chef de la 18ᵉ demi-brigade. Un sabre d'honneur est accordé au citoyen MAZIÈRE, grenadier de la 25ᵉ, pour action d'éclat devant Saint-Jean-d'Acre.

Dans le rapport que Murat envoie à Bonaparte sur l'affaire du pont Yacoub, il s'exprime en ces termes :

Il est de mon devoir, mon général, de vous faire connaître la bonne conduite qu'a tenue le 3ᵉ bataillon de la 25ᵉ demi-brigade : son chef de bataillon, le citoyen WEI-ZEL, s'est particulièrement distingué.

19 mai. — Le chef de brigade Lefebvre, à la suite de la 9ᵉ, est nommé au commandement de la 25ᵉ en remplacement du chef de brigade Venoux, tué devant Saint-Jean-d'Acre.

21 mai. — Bonaparte lève le siège de Saint-Jean-d'Acre. La 25ᵉ traverse le désert avec la division Kléber au prix des plus grandes fatigues et arrive le 5 juin à Catieh où elle reçoit l'ordre de s'embarquer pour Damiette.

Elle y séjourne jusqu'au 15 juillet pour de là se diriger à marches forcées sur El-Ramanieh, au-devant de l'armée de Rhodes qui venait de débarquer à Aboukir.

25 août. — La 25ᵉ revient à Damiette.

29 août. — 8,000 janissaires, sous les

ordres de Say-Ali-Bey se présentent à l'embouchure du Nil occupée par deux bataillons de la 25e et deux de la 75e.

Les Osmanlis débarquent le 1er novembre. A peine avaient-ils pris terre entre Damiette et le lac Menzaleh que la brigade commandée par Verdier attaque vivement. Les Français comptaient à peine 1,000 combattants. Malgré leur courage, ces braves eussent été infailliblement écrasés si l'inexpérience de l'ennemi n'était venue à leurs secours. Quelques pelotons se repliaient déjà sur la réserve ; les janissaires se débandèrent en les poursuivant. Le général Verdier saisit avec sagacité cet instant pour lâcher sur leurs derrières une centaine de chevaux en même temps qu'il donnait ordre au chef de brigade Lefebvre de charger avec sa seconde ligne. Quelques minutes suffirent pour les mettre dans une déroute complète ; près de la moitié des Turcs périrent ou furent faits prisonniers, abandonnant au vainqueur tous les drapeaux et cinq pièces d'artillerie.

Pendant que Kléber réparait sur le champ de bataille d'Héliopolis les premières hésitations de son commandement et faisait payer cher aux Turcs leur mauvaise foi, Nassuf, ancien pacha du Caire, qui commandait un corps détaché, se flattant que les Français ne pourraient résister à l'immense supériorité de l'armée ottomane, se dirigea sur le Caire pour s'en emparer. La brigade Verdier (25e et 75e) tenait les forts de la capitale dans laquelle était déjà entré le lieutenant du grand-vizir qui se signala par des massacres atroces. Les forts, trop bien défendus pour être enlevés de vive force, résistaient avec energie aux attaques de ces barbares, lorsque Kléber arriva le 27 mars.

La population refusant de se rendre, l'assaut fut donné le 18 par Kléber qui fut secondé par le feu des forts et de la citadelle. Le lendemain, le Caire se rendait et Nassuf-Pacha évacuait la ville et se retirait en Syrie.

La 25e demi-brigade occupe pendant quelques jours la droite de la mosquée, près du quartier des Cophtes.

Ordre du jour du 23 germinal an VIII :

Quartier général du Caire.

Le général en chef a été fort content de la conduite du détachement des dromadaires qui a été employé à s'emparer de la maison ci devant occupée par la direction du génie, près celle du général Reynier, ainsi que du détachement de la 88e et des grenadiers de la 25e qui ont travaillé avec la plus grande activité et le plus grand courage à faire pendant la nuit tous les travaux nécessaires pour la sûreté de ce poste.

1800.

Extrait du rapport du général Friant au général Kléber sur l'attaque de la maison Reynier et le quartier des Tanneries :

La 25e colonne, commandée par l'adjudant-général Durandeau, marche en même temps que le général Belliard qu'elle flanquait à gauche. Cette colonne renversa d'abord deux estacades sans trouver d'obstacle, mais bientôt elle en trouva une troisième où elle fut repoussée jusqu'à trois fois. La retraite du général Belliard nécessite celle de la colonne Durandeau.

La 25e qui composait le détachement de l'adjudant-général Durandeau, a eu 51 hommes hors de combat, dont six tués et cinq officiers blessés.

25 *avril*. — Le général Verdier est nommé général de division.

29 *avril*. — La 25° reçoit l'ordre de partir pour le Delta afin d'achever la pacification de certaines tribus insoumises.

20 *mai*. — Le chef de brigade Lefebvre écrit ce qui suit au général Kléber :

Méhalet-el-Kébir a été pris par nous à l'improviste et investi au moment où il s'y attendait le moins. Tous les habitants sont enfermés dans la ville. Après avoir fait faire la répartition de l'amende, j'ai chargé le chef de bataillon Bazancourt de continuer avec activité la besogne commencée.

24 *mai*. — Kléber écrit à Lefebvre pour le féliciter sur son expédition et lui promet de récompenser les braves qu'il lui a recommandés.

1801.

21 *mars*. — A la suite de la malheureuse bataille d'Alexandrie, le 3° bataillon, qui occupe le Caire, est compris dans la capitulation que signe le général Belliard le 27 juin, et rentre en France.

Les deux autres bataillons devaient avoir le même sort deux mois plus tard dans Alexandrie.

24 *août*. — La 25° occupait le fort Leturcq et dut, jusqu'au 29, répondre aux batteries anglaises. Là encore, malgré le dénouement évident de la lutte, la demi-brigade s'illustra par des actes de courage. Le capitaine Ranchon, commandant une compagnie de grenadiers, fut cité à l'ordre de l'armée pour l'intelligence et la bravoure qu'il montra dans ces derniers combats.

Le général en chef accorde un fusil d'honneur

au citoyen GABRIEL MILLE, grenadier de la 2e compagnie de la 25e demi-brigade : ce brave n'a cessé de donner partout l'exemple de la valeur et de l'attachement à la patrie.

31 *août*. — Menou signe la capitulation d'Alexandrie.

6 *septembre*. — Les troupes du général Friant rentrent dans Alexandrie pour attendre leur embarquement.

11 *octobre*. — La 21e légère, la 18e et la 25e s'embarquent sur les vaisseaux *Tartare* et *Jules César* sous les ordres du général Eppler.

21 *octobre*. — Elles arrivent devant Toulon, d'où elles repartent à destination de Marseille.

La 25e rejoint peu de jours après le 3e bataillon à Nîmes où elle tient garnison.

Récompenses accordées à la 25ᵉ demi-brigade pendant la campagne d'Egypte.

ALBISSET (Jean), caporal, reçoit un fusil d'honneur pour sa belle conduite devant l'ennemi.

AURISSE, fusilier, même récompense.

CANAS (Louis), caporal, même récompense.

CARIAS (Louis), sergent-major. Même récompense pour sa brillante conduite à la bataille des Pyramides. Ce brave soldat fut criblé de blessures à la reprise du Caire et mourut peu de temps après. Bonaparte voulut, pour honorer sa mémoire, que son nom fût inscrit sur la liste des légionnaires.

CASALP, capitaine, reçut un sabre d'honneur.

POMPIER, lieutenant, même récompense.

DURAND, sergent, reçut un fusil d'honneur.

PÉRIGNON, sergent, même récompense.

SAUZET, fusilier, même récompense.

25° RÉGIMENT DE LIGNE
1803.

23 *décembre.* — Le 25°, commandé par le colonel CASSAGNE, chefs de bataillon LAVALLÉE et SAINT-FAUST, à l'effectif de 160 hommes, occupe le camp de Bruges. Il est sous les ordres du maréchal Davoust, chef d'état-major, Mathieu Dumas.

3° Division : général Durutte,

Brigade Serros.

Cette division était ainsi composée :

12° de ligne, 21° de ligne, 25° de ligne, 85° de ligne.

1805.

Le 24 *août,* le 25° est à Dunkerque, à l'effectif de 1,860 hommes.

Le 1ᵉʳ *septembre,* ses deux premiers bataillons reçoivent l'ordre de partir pour la Grande Armée.

Ils font partie de la 3° division (général Gudin) du 3° corps (maréchal Davoust), et arrivent sur le Rhin, à Spire, le 29 septembre (7 vendémiaire), à l'effectif de 61 officiers et 1,774 hommes.

Le 3° bataillon reste à Boulogne, sous les ordre du maréchal Brune.

4 octobre (13 vendémiaire). — La 3° division est à Neselbach.

5 octobre. — A Muchroth.

6 octobre. — Arrive à Ottingen, où le corps d'armée de Davoust est réuni.

8 octobre. — Passe le Danube à Neubourg.

9 octobre. — Occupe Aïchach et tient tête au

général Kienmayer qui, pris à l'improviste à Ingolstadt et Neubourg, avait évacué cette dernière place, se repliant sur la route de Munich à Dachau.

13 octobre. — Davoust se prépare à l'attaquer, et la 3e division occupe Dachau, formant l'avant-garde du 3e corps d'armée qui tient la route de Vienne à Munich, par où devait déboucher l'armée russe.

Elle reste dans cette position jusqu'à la capitulation d'Ulm qui a lieu le 19 octobre.

La 25° part de .Freisingen avec le 3e corps pour se rendre à Mulhdorf et de là à Braunau en passant par Burghausen.

1er novembre. — Arrivée à Altheim.

2 novembre (10 brumaire). — La division Gudin rencontre, en avant de Ried, l'arrière-garde austro-russe. L'ennemi est poursuivi jusque dans la ville qu'il est forcé d'évacuer après avoir perdu une centaine d'hommes.

3 novembre. — Deuxième rencontre entre Haag et Lambach.

5 novembre. — La division Gudin occupe une position entre la ville et Kremsmünster.

Le major-général envoie l'ordre à Davoust de s'emparer le jour même de Steyer au confluent du Steyer et de l'Enns, et d'y établir une tête de pont.

La situation de la ville donnait tout l'avantage aux Autrichiens qui faisaient tous leurs efforts pour empêcher le rétablissement du pont. Il fallut faire passer presque un à un les braves qui, sous une grêle de balles, atteignirent le bord opposé et restèrent immobiles au pied des murailles, à l'abri des coups de l'ennemi, jusqu'à ce que, leur petit nombre se grossîssant peu à peu, ils purent faire effort, s'affermir et commencer l'attaque pour protéger les travailleurs occupés à rétablir le pont.

7 novembre. — Mathieu Dumas rend compte à l'Empereur que les trois divisions de Davoust ont dépassé Vaidoffen dans la direction de Saint-Gaming et que les ordres sont donnés au général Gudin pour qu'il arrive le 8 dans cette dernière ville. Dans cette marche à travers les montagues qui séparent l'Autriche de la Styrie, on eut à surmonter des difficultés aussi grandes qu'au passage des Alpes. L'ardeur et la constance des soldats furent admirables dans ces marches de douze à quinze lieues, qui se prolongeaient bien avant dans la nuit. On les voyait, au milieu des glaces, des torrents, s'exciter à l'envi, s'animer par des cris et des chants de guerre, en travaillant à élargir des sentiers trop étroits pour l'artillerie.

8 novembre. — La division Gudin cantonne à Neustadt pour relier le corps de Marmont, opérant en Carinthie avec la Grande Armée.

27 novembre. — Elle quitte Neustadt pour occuper Presbourg, s'empare du pont de Neudorf le matin et arrive à Presbourg à deux heures de l'après-midi.

30 novembre. — Gudin se trouve avec sa division à trois jours de marche du point de concentration. Ordre lui est donné de rejoindre le plus vite possible la division Friant qui doit arriver à Baygern le 1er décembre.

2 décembre. — Malgré une marche forcée de trente-six heures, la division ne peut arriver à temps sur le champ de bataille d'Austerlitz et ne se trouve que dans la soirée à Nicolsbourg, position excellente, du reste, pour envelopper les débris de l'armée austro-russe.

3 *décembre.* — Elle se porte le matin sur Gœding dans le but d'envelopper l'armée alliée. Elle commençait déjà à attaquer les postes du général Merfelt et se préparait à passer la March, lorsqu'elle apprend qu'elle doit cesser toute attaque.

CAMPAGNE DE 1806.

Dans les premiers jours de septembre 1806, le plan de guerre de Napoléon était arrêté : il donna, dans le plus grand secret, ses ordres de concentration pour entreprendre une campagne contre la Prusse.

24 *septembre.* — Le maréchal Davoust reçoit l'ordre de réunir son corps d'armée à Bamberg le 3 octobre et de faire connaître les positions occupées, à cette époque, par ses troupes.

3 *octobre.* — Le 3e corps d'armée, réuni en entier à Bamberg au corps de Bernadotte et à la garde, forme le centre de l'armée.

7 *octobre.* — Davoust se porte en avant de Kronach : la 3e division contonne à Lichstenfelds et se porte le lendemain sur Kronach.

9 *et* **10** *octobre.* — Le 3e corps suit le 1er à la distance d'une demi-marche et occupe successivement Saalbourg (9 octobre), Schleitz (10 octobre) et Auma.

11 *octobre.* — Le maréchal ayant reçu l'ordre de déboîter à gauche pour se rapprocher de la Saale et marcher sur Nauenbourg, porte ses trois divisions à Mittel-Polmitz où elles bivouaquent en avant et en arrière de la ville.

12 *octobre*. — Davoust se porte sur Nauenbourg pour couper la gauche de l'armée prussienne pendant que Lanues attaque son aile droite à Saalfeld et force les cinq divisions de l'armée royale de Prusse à se retirer sur l'Elbe par Auerstaedt et Nauenbourg. Les trois divisions du 3ᵉ corps occupaient ce point depuis le 13 et allaient livrer à elles seules la plus belle bataille qui soit connue dans les annales de l'armée française.

BATAILLE D'AUERSTAEDT

Les cinq divisions de l'armée prussienne étaient composées de :

1° La division Schmettau qui formait l'avant-garde. Le général Blücher venait d'être appelé à renforcer cette division et devait l'éclairer avec sa cavalerie ;

2° La division Wartensleben ;

3° La division du prince d'Orange ;

4° La réserve, formée par les divisions Arnim et Kanheim. Elle fermait la marche de l'armée.

13 *octobre*. — Le général Schmettau, en arrivant sur les hauteurs d'Appolda, entendant une canonnade du côté d'Iéna, fit d'abord arrêter sa colonne. Il ne crut à rien d'important : c'était cependant la bataille d'Iéna qui commençait. Au lieu de se porter au secours du prince d'Hohenlohe, il continua sa marche. Sa division prit position à six heures du soir sur les hauteurs entre Auerstaedt et Gernstedt.

Les divisions Wartensleben et Orange bivouaquèrent, la droite en avant d'Eberstedt, la gauche en arrière de Ranstedt, formant un angle saillant au point ou la chaussée les traversait.

Ces quatre divisions arrivèrent à leurs bi-

4

vouacs de six heures à minuit, exténuées de fatigue, sans vivres, tandis que les troupes de Davoust
avaient trouvé, le même jour, dans les magasins
de Nauenbourg, dont elles s'étaient emparées,
tout ce qu'il leur fallait pour se ravitailler.

Le roi de Prusse, accompagné du duc de
Brunswick, établit son quartier général à
Auerstaedt.

Le soir, un détachement de cavalerie prussienne rencontra une patrouille française tirée
du 25° sur la chaussée d'Auerstaedt et une autre
de cavalerie près d'Hassen-Haussen, à une lieue
de Koësen. Les deux prisonniers français qui
furent faits dans cette rencontre apprirent au
roi que le maréchal Davoust occupait Nauenbourg avec tout son corps d'armée.

Malgré ce rapport, le duc de Brunswick ne
tint pas pour sérieuse l'occupation de Nauenbourg et crut toujours libres les communications
sur la Saale et l'Unstruth. Il donna l'ordre que
le lendemain la division Schmettau suivrait la
chaussée de Koësten et irait occuper les hauteurs
de ce village. Cette division, qui aurait dû, la
veille au soir, occuper cette position pour être
à même de couvrir le lendemain la marche de
l'armée prussienne, se contenta d'occuper Gernstedt, donnant ainsi au maréchal le temps de
s'en emparer.

Davoust, qui avait assisté à cette première
reconnaissance, retourna à Nauenbourg et fit
occuper, par les deux bataillons du 25°, le village
de Koësten : il réunit les généraux et leur donna
ses ordres, croyant être obligé de se porter le
lendemain au secours de Napoléon et de couper
la gauche de l'armée prussienne qu'on supposait

encore aux prises avec les forces de l'Empereur.

Le 3º corps d'armée, fort de 26,000 hommes, allait lutter contre une armée de 54,000 fantassins et 12,000 cavaliers, fière de sa vieille réputation et dont le courage, soutenu par la présence et la valeur personnelle du souverain, était excité au plus haut point.

Après avoir passé la Saale, il faut monter une pente raide et longue sur le plateau d'Hassen-Haussen. C'est ce défilé que franchit le corps du maréchal Davoust. Celui-ci, ne comprenant pas qu'il ne fût pas occupé par l'avant-garde prussienne, se hâta de s'emparer de la tête de ce défilé.

La 3e division passa le pont de Koësten vers six heures du matin, tandis que le colonel Cassagne, avec les deux bataillons du 25e qui, pendant la nuit, avaient gardé ce poste, traversait rapidement le défilé et, précédé par un escadron de cavalerie commandé par le capitaine Hulot, débouchait sur le plateau.

Du côté de l'ennemi, Blücher recevait l'ordre de prendre 25 escadrons de la division Schmetteau, une batterie d'artillerie à cheval, et d'attaquer la cavalerie française qui avait déjà débouché sur le plateau d'Hassen-Haussen.

Un brouillard épais ne permettait pas de distinguer les objets à portée de pistolet. Le maréchal Davoust ayant passé le défilé avec son état-major, ordonna au colonel Burke de se porter en avant avec un détachement de cavalerie et d'engager une échauffourée pour faire quelques prisonniers. Après avoir dépassé le village d'Hassen-Haussen, celui-ci se trouva tout-à-coup devant l'avant-garde de Blücher, à la tête de laquelle le roi marchait en personne. Le colonel Burke tira quelques coups de pistolet, soutint avec vigueur la charge de deux escadrons du régiment de la reine et fit quelques prisonniers. Ramené par des forces supérieures, il rallia son détachement, sous la protection du 25e d'infanterie qui s'avançait en colonne à la droite de la chaussée, tandis que le 85e marchait dans le même ordre sur la gauche. Le général Gauthier, qui commandait cette brigade, fit former les carrés pour recevoir la cavalerie et plaça son artillerie sur la chaussée.

Le général Blücher, avec le reste de la cavalerie d'avant-garde, une batterie à cheval et un bataillon de grenadiers, s'avança au delà d'Hassen-Haussen à l'appui des escadrons qui poursuivaient le détachement du colonel Burke; mais, foudroyés par le feu de mitraille des pièces que le général Gauthier venait de mettre en batterie, les escadrons et le bataillon de grenadiers prussiens se dispersèrent; l'artillerie à cheval qui les suivait fut mise en déroute, le capitaine et les canonniers furent tués.

Les voltigeurs de la 25e, soutenus pas le détachement de chasseurs, se précipitant sur la batterie prussienne, enlevèrent six pièces de canon.

Au même moment, le chef de bataillon Saint-Faust, commandant le 2e bataillon, incommodé par le feu de l'artillerie, s'élança au delà d'Hassen-Haussen à la tête de ses troupes, et enleva la position au pas de charge.

Le 1er bataillon, conduit par le colonel Cassagne, se portait en même temps en colonne sur la droite du village et repoussait les efforts désespérés de la cavalerie de Blücher.

La vigueur de cette attaque, dans laquelle le colonel Cassagne eut deux chevaux tués sous lui, en imposa aux Prussiens. Le duc de Brunswick fut d'avis de faire mettre l'armée en bataille et de ne pas continuer la marche que le brouillard ne fût dissipé. Le roi en jugea autrement, ne pensant avoir affaire qu'à des forces peu considérables. L'ordre fut donné aux divisions Wartensleben et Orange d'accélérer leur marche. La division Schmettau se déploya en entier à portée de mousqueterie devant Hassen-Haussen, pendant que la cavalerie de Blücher se formait à sa gauche.

Le maréchal Davoust, voyant que cette cavalerie qui déjà débordait sa droite menaçait de le tourner et de l'envelopper, fit avancer les 21ᵉ et 12ᵉ régiments au secours du 25ᵉ, sur la droite du village, pendant que le 85ᵉ, soutenu par deux pièces de canon, se formait à la gauche. Les tirailleurs du 25ᵉ, jetés dans le village, garnissaient l'intervalle, et, bien postés, faisaient beaucoup de mal à l'infanterie de la division Schmettau.

Blücher, profitant de l'attaque générale de Schmettau, fila rapidement par Spilberg sur Punschereau. Il vit alors qu'il était déjà sur le flanc et les derrières de l'infanterie française et se prépara à la charger avec vigueur dans tous les sens. Rien n'était plus à propos, et cette charge, si elle eût réussi, devait décider du sort de la journée ; mais les carrés des 25ᵉ et 21ᵉ, formés en échiquier, reçurent avec calme, à bout portant, ces nombreux escadrons qui, foudroyés et dispersés, réitérèrent en vain leur attaque. Le combat fut rude et sanglant. Le gé-

néral Gudin et ses brigadiers, passant d'un carré
à l'autre dans l'intervalle des charges, ani-
maient leurs braves soldats. Pas un bataillon ne
fut entamé. Après avoir beaucoup souffert,
cette cavalerie s'enfuit dans le plus grand désordre et se jeta sur le Spilberg. Elle y fut poursuivie par la cavalerie française.

Pendant que les 12°, 21° et 25°, à la droite
d'Hassen-Haussen, résistaient depuis une heure
et demie avec autant d'intrépidité que de succès
aux efforts de la cavalerie de Blücher et de la
division Schmettau, le roi de Prusse pressait la
marche des deux autres divisions retardées au
passage du défilé d'Auerstaedt.

La division Wartensleben déboucha bientôt du
village de Gernstedt, marchant à droite de la
chaussée contre la division Gudin dont le courage opiniâtre continuait de résister à l'immense
supériorité du nombre.

La division Friant, arrivée à ce moment, se
porta à la droite de la division Gudin et l'aida à
continuer la lutte héroïque qu'elle seule soute-
nait depuis le matin. Les troupes de Gudin con-
centrèrent alors leurs efforts autour d'Hassen-
Haussen, qui, d'après toutes les apparences,
allait être attaqué très violemment.

C'est en vain que le duc de Brunswick, à la
tête du bataillon de grenadiers de Hannstein,
essaye d'enlever le village d'Hassen ; il trouve
partout une muraille de fer qui s'oppose à l'élan
de ses troupes. Il est mortellement blessé et
tombe à côté du général Schmettau, atteint deux
fois à l'attaque de cette formidable position. La
fermeté des troupes de la division Gudin fut la
véritable cause du succès des Français. Ces hé-

roïques soldats allaient néanmoins succomber, lorsque la division Morand, que Davoust fit arriver au pas de course, vint s'appuyer à la gauche de la division Gudin.

La fin de cette journée appartient à cette dernière division qui, après une lutte meurtrière, força le roi de Prusse à ordonner la retraite. Friant, sur la droite, commençait son mouvement pour envelopper la gauche ennemie.

Profitant du succès de ses deux ailes, le maréchal Davoust fit avancer le centre de son corps d'armée. La division Gudin attaqua et força le village de Tauchwitz et s'avança à hauteur des deux autres; les trois divisions prussiennes se retirèrent en désordre; elles avaient perdu presque la moitié de leur force effective et avaient abandonné, sur les hauteurs d'Hassen-Haussen, la plus grande partie de leur artillerie.

Le général Kalbreuth, avec les deux divisions de réserve qui étaient restées inactives, forma sa ligne en arrière de Tauchwitz et de Rehausen. Toute la cavalerie, ralliée sous les ordres de Blücher, est placée en seconde ligne; l'artillerie dont disposent ces deux divisions est en avant, de front.

C'est là qu'eut lieu la dernière résistance, celle du désespoir; tout était perdu si Kalbreuth n'arrêtait pas l'attaque des Français.

Le maréchal Davoust, après avoir poussé son aile gauche sur le Sonnenberg, s'était rendu à la droite, dont le mouvement de conversion achevait de décider la victoire. Il y fit concourir la division Gudin qui débouchait des villages de Tauchwitz et de Poppel et la dirigea lui-même sur la gauche des plateaux d'Eckartzberg.

Vers les 4 heures, l'une des divisions de réserve qui formait la gauche de l'armée prussienne étant presque tournée par la division Morand, se détacha de la ligne de bataille et vint prendre position en avant d'Eckartzberg. Le maréchal Davoust la fit déloger par les troupes de la division Gudin ; ce fut la brigade Petit (12e et 21e) qui enleva cette dernière résistance à la baïonnette, sans tirer un seul coup de fusil. Les 25e et 85e suivaient au pas de course.

Vingt-deux pièces de canon restèrent aux mains du général Petit.

La bataille était gagnée. L'armée prussienne se retira en désordre par Auerstaedt sur Weimar, poursuivie par une partie de la division Morand et la cavalerie du général Viallannes.

Le feu cessa vers cinq heures. Ainsi Davoust remporta, avec trois divisions d'infanterie et trois régiments de chasseurs à cheval, une victoire complète sur la principale armée prussienne, soutenue par ses réserves d'élite, par une nombreuse cavalerie et une artillerie trois fois plus forte que la sienne.

Les trois divisions, désormais célèbres dans les fastes de notre histoire, se trouvaient réunies le soir, entre Eckartzberg et Auertstædt. Elles bivouaquèrent sur le champ de bataille, ayant leur maréchal au milieu d'elles.

Si cette journée fut glorieuse, elle fut aussi sanglante: 270 officiers, 7,000 hommes hors de combat; les généraux Morand et Gudin blessés ; le colonel CASSAGNE atteint d'un coup de feu. La moitié des colonels étaient morts ou atteints de blessures graves. Sur ce nombre, la division Gudin eut 134 officiers et 3,500 hommes hors de combat. Jamais journée plus meurtrière n'avait ensanglanté les armes françaises, et jamais aussi un plus grand exemple de fermeté n'avait été donné. Le 25⁰ peut dire, à juste titre, que c'est à lui que reviennent les honneurs de cette victoire.

15 *octobre*. — Le maréchal Davoust occupe Nauenbourg et envoie une avant-garde à Weissenfeld, sur la route de Leipzig.

17 *octobre*. — L'Empereur écrit ce qui suit au maréchal Davoust :

Témoignez ma satisfaction à tout votre corps d'armée et à vos généraux ; ils ont acquis pour jamais des droits à mon estime et à ma reconnaissance.

En même temps, il lui donna l'ordre d'occuper Leipsig que les Prussiens avaient évacué, et de porter son corps d'armée sur Wittenberg.

18 *octobre*. — Le maréchal Davoust entre à Leipzig.

20 *octobre*. — A Wittenberg, il se présente à la tête du grand pont de l'Elbe au moment où l'officier prussien, détaché du corps du duc de Wurtemberg pendant sa retraite sur Dessau, pour détruire le pont, venait d'y mettre le feu. Ce pont, chargé de fascines, avait été goudronné. Les Français s'y précipitèrent avec tant d'audace et d'intrépidité, que le détachement prussien, chargé de défendre le passage pendant le temps nécessaire pour que le pont fût consumé, prit la fuite et n'eut pas même le temps de faire sauter un magasin à poudre. Les habitants arrachèrent les mèches ; ils aidèrent les Français à arrêter l'incendie du pont dont les bois furent à peine noircis et qui fut réparé en deux heures

A Berlin! à Berlin! s'écriaient les soldats en défilant sur le pont de l'Elbe; et les trois divisions, traversant la ville de Vittemberg, allèrent prendre position sur la rive droite.

Le 19 *octobre*, Davoust recevait l'ordre de continuer sa marche sur Berlin par Juterbock. Le maréchal, à la tête de son corps d'armée, devait entrer le premier dans Berlin : cette récompense lui avait été promise; elle fut annoncée à l'armée en ces termes :

« L'Empereur a également lieu d'être satisfait de tous les corps de la Grande Armée: ils rivalisent tous de zèle et de gloire. Mais le 3e corps, commandé par le maréchal Davoust, a eu l'avantage d'être appelé par les circonstances à donner des preuves de courage toutes particulières. Sa Majesté, voulant lui en témoigner toute sa satisfaction par la plus belle récompense pour des Français, a ordonné que ce corps entrerait le premier à Berlin, le 25 octobre. »

29 *octobre*. — Le lendemain de son entrée à Berlin, l'Empereur, passant la revue du corps d'armée du maréchal Davoust campé dans la plaine de Biesdorf, sur la route de Francfort, après avoir fait dans les trois divisions de nombreuses promotions et distribué 500 décorations de la Légion d'honneur, fit appeler près de lui les généraux, officiers et sous-officiers.

« Généraux, officiers, sous-officiers de mon 3e corps, leur dit-il, j'ai voulu vous réunir pour vous témoigner moi-même toute ma satisfaction de la belle conduite que vous avez tenue à la bataille du 14 octobre. J'ai perdu des braves, je les regrette comme mes propres enfants, mais enfin ils sont morts au champ d'honneur, en vrais soldats. Vous m'avez rendu un service signalé dans cette circonstance; c'est particulièrement à la brilante conduite du 3e corps d'armée que sont dus les résultats quo vous voyez Dites à vos soldats que j'ai été satisfait do leur courage : vous avez tous acquis pour jamais des droits à ma reconnaissance et à mes bienfaits. » — « Sire, répondit le maréchal, le 3ᵉ corps d'armée sera pour vous, dans toutes les circonstances, ce que fut pour César la 10ᵉ légion. »

30 octobre. — Le maréchal Davoust met son corps d'armée en marche et le dirige sur Francfort en suivant la grande chaussée. Arrivé à Munchenberg, à l'embranchement de la route de Custrin, il détache le général Gudin avec sa division et six pièces de 12 pour attaquer de vive force la tête de pont vis-à-vis la forteresse. Le 25ᵉ formait l'avant-garde. Il rencontre, entre Leclow et Custrin, un détachement de 150 Prussiens qui sont immédiatement chargés par la cavalerie et poursuivis si vivement qu'ils arrivent pêle-mêle avec le détachement dans la tête de pont. Le gouverneur de Custrin fait aussitôt mettre le feu au grand pont sur l'Oder.

Après avoir étendu les bivouacs de sa division de manière à en imposer à l'ennemi, Gudin fait sommer le gouverneur et le menace d'un sévère bombardement s'il ne fait à l'instant cesser le feu. Le gouverneur a la faiblesse d'y consentir et envoie un officier au général français dans le but de s'entendre avec lui. Gudin, qui n'aurait pu effectuer sa menace qu'avec deux obusiers, renvoie l'officier prussien sans vouloir l'entendre et lui dit sèchement qu'il s'en tenait à sa première sommation.

1ᵉʳ novembre. — Dans la nuit, ordre est donné à la division Gudin de rejoindre immédiatement à Francfort les deux autres divisions du corps d'armée, le corps d'Augereau étant en marche pour venir faire le siège de Custrin dont on ne pouvait espérer une capitulation.

Le 25e quitte au point du jour, laissant devant la place, le 85e régiment avec lequel il faisait brigade sous les ordres du général Gauthier. Dans la journée, le général Gauthier faisait signer au gouverneur la capitulation de Custrin.

Gudin, à moitié chemin de Francfort, apprenant ce coup inespéré de fortune, rebroussa chemin et trouva dans l'île 4,000 prisonniers qu'il fît transporter dans la soirée sur la rive gauche de l'Oder.

La brigade Gauthier, en vingt-quatre heures, avait fait capituler une place bien revêtue, ayant des fossés pleins d'eau, construite dans une île, avec 90 pièces de canon en batterie sur les remparts et plus de 400 dans l'arsenal.

3 novembre. — Le 25e cantonne en avant de Francfort.

9 novembre. — Le corps d'armée arrive à Posen où il est reçu triomphalement par les habitants.

Après quelques jours de repos pour les troupes et l'approvisionnement nécessaire des vivres pour le passage des corps d'armée, le maréchal Davoust continue sa marche sur Varsovie, et arrive, du 18 au 20 novembre, à Sompolno, petite ville située à moitié chemin de Posen et de Varsovie.

Le 30 *novembre*, il entre à Varsovie avec les divisions Morand et Gudin.

3 décembre. — Grâce à un mouvement rétrograde de l'armée de Benningsen sur Ostrolenska, les trois divisions du corps d'armée passent successivement la Vistule sur les bateaux et se portent vers le Bug. La brigade Gauthier (25º et 85º) forme le centre de la ligne d'avant postes à Okunin, près du confluent de la Wkra, pendant que les corps de Lannes, de Ney et d'Augereau passaient la Vistule entre Thorn et Praga.

Les généraux russes, manquant de direction supérieure et n'ayant aucun plan d'opérations arrêté, flottaient incertains entre l'offensive et la défensive ; les Français, profitant de leur indécision, gagnaient du terrain, s'élevant par leur aile droite pour ébranler la gauche de l'ennemi.

Le maréchal Davoust, après avoir reconnu la rive gauche du Bug, depuis le confluent de la Narew jusqu'à la Vistule, jugea que le point d'Okunin, un peu au-dessous de l'embouchure de la Wkra, était le plus favorable pour effectuer le passage. Les avant-postes russes se montraient forts et nombreux sur la rive opposée. Ils avaient détruit les moyens de passage : l'opération était délicate. Le maréchal en chargea la brigade Gauthier.

10 *décembre*. — A cinq heures du matin, ce général disposa sur sa droite, à Gora, une fausse attaque, et, pendant qu'elle attirait l'attention de l'ennemi, il fit embarquer sur douze barques une compagnie du 85º, qui aborda, se forma à cent pas du rivage et fut suivie par le régiment. Le 25º, passant ensuite, poussa une reconnaissance sur Ponichowo.

Informé par cette reconnaissance que les Russes occupaient en force la rive gauche de la Wkra, le maréchal Davoust ne douta pas qu'ils ne fissent de grands efforts — ur rejeter en deçà du Bug les troupes françaises qui en occupaient la rive droite ; il fit soutenir le général Gauthier (25e et 85e) par la brigade Petit (21e et 12e), et déclara à ces braves régiments qu'il était déterminé à s'ensevelir avec eux plutôt que de les voir repasser la rivière.

11 *décembre.*—Le lendemain matin, à la pointe du jour, les Russes se présentèrent sur la rive gauche de la Wkra, vis-à-vis Ponikowo, et firent, sur le rivage, un feu bien soutenu. Le général Gauthier l'avait fait occuper par le 85e et avait échelonné le 25e entre le village et les retranchements de la tête de pont. La résistance que les Russes rencontrèrent sur ce point les obligea à s'étendre par leur gauche en descendant la rivière. Comme dans cette position ils menaçaient la gauche des Français et cherchaient à couper de la tête de pont ceux qui défendaient Ponikowo, le maréchal Davoust, dont le seul but était de défendre ses retranchements et de se maintenir sur la rive droite du Bug, fit replier ses troupes en bon ordre et par échelons. Les Russes, n'ayant pu entamer le 25e régiment qui couvrait la manœuvre, ne poussèrent pas plus loin cette démonstration. Le 25e est cité pour cette action dans le 41e bulletin de la Grande Armée, daté de Posen, le 14 décembre.

Benningsen, voyant qu'il ne pouvait plus rejeter sur la rive gauche du Bug l'avant-garde française, resserra ses cantonnements, renforça la ligne de ses avant-postes sur la Wkra et résolut d'attendre dans la position de Pulstuck l'attaque dont il était menacé.

23 *décembre.* — Dans le combat de nuit de

Czarnowo, la brigade Gauthier reste en réserve dans l'île, au confluent de la Wkra et du Bug.

26 décembre. — A la bataille de Pulstuck, le 25°. commandé par le général d'Aultanne qui arrivait par la route de Strezegoczin, vint appuyer la gauche de la division Suchet aux prises avec les forces du général Tolstoï. Formé par bataillons en colonne serrée, il se porta sur le village de Moczin et se battit avec opiniâtreté jusqu'au soir. A huit heures, les Russes, profitant de l'obscurité, se jetèrent dans l'intervalle qui s'était produit entre les divisions Suchet et d'Aultanne, et amenèrent un désordre momentané que le général Gauthier arrêta par son sang-froid et son énergie. La cavalerie russe essaya en vain d'entamer ces bataillons qui étaient assaillis par une bourrasque de neige, en pleine nuit.

Le dernier effort des Russes ayant été repoussé, le feu cessa et les troupes bivouaquèrent sur l'emplacement même du combat, s'attendant à reprendre la lutte le lendemain matin. Dans la nuit, les Russes repassaient la Narew et prenaient la route d'Ostrolenska, abandonnant plus de 2,000 morts, 1,500 prisonniers, douze pièces de canon et une quantité de chariots et de munitions.

28 décembre. — Le mouvement des corps d'armée est arrêté et l'Empereur leur fait prendre des cantonnements entre la Narew et la Wkra.

1807.

1er janvier. — La division Gudin occupe Varsovie.

27 *janvier*. — Benningsen, avant repris l'offensive à Mohrungen, ordre est donné de lever les quartiers d'hiver et de se tenir prêts à marcher.

BATAITLE D'EYLAU

La division Gudin quitte le même jour ses cantonnements et arrive, le 7 février, à Preussich-Eylau, formant l'aile droite de l'armée française dans le grand combat qui allait se livrer.

8 février. — Dans cette sanglante journée, la division Gudin n'arriva que tard sur le théâtre de l'action. Elle appuya l'attaque de Friant sur Klein-Sausgarten et eut beaucoup à souffrir du feu de l'artillerie. Ce village, pris et repris deux fois, fut témoin de faits héroïques. Le village d'Aucklappen est enlevé par le 48e régiment (division Morand). Les Russes y rentrent avec des forces supérieures et obligent les Français à se replier. Ils jettent quelques bataillons dans le bois sur la gauche. Une double attaque sur le petit bois et le hameau est confiée au général Gauthier. Celui-ci, à la tête d'un bataillon du 25° régiment, emporte Aucklappen et s'y maintient.

Le capitaine ARNAUD, des voltigeurs, se distingua particulièrement dans cette attaque. Grièvement blessé, il refusa de se faire panser pendant l'action. « Retirez-vous, mes amis, disait-il aux voltigeurs qui voulaient l'enlever, vous vous exposeriez sans pouvoir me sauver. Continuez à bien vous battre, c'est tout ce que j'exige de vous. » Il fut décoré de la Légion d'honneur.

- Ce capitaine se signala plus tard à la prise de Ratisbonne, où il entra le premier à la tête de sa compagnie. Nommé chef de bataillon dans le 1er régiment de voltigeurs de la garde, il fit avec ce corps les campagnes de 1812 en Russie, celles de 1813 et 1814 en Saxe et en France.

Deux heures avant la tombée de la nuit, l'aile gauche de Benningsen était complètement tournée par le corps de Davoust, et la bataille était gagnée, lorsque déboucha le corps d'armée prussien de Lestocq, qui, prenant énergiquement l'offensive, attaqua à la fois le bois et le hameau d'Aucklappen. Les régiments de Friant, qui avaient beaucoup souffert dans les précédents combats, ne purent soutenir cette charge vigoureusement exécutée par des troupes fraîches, et furent contraints d'évacuer le bois ; mais le général Gauthier, avec un bataillon du 25e, repoussa les attaques réitérées des Prussiens et des Russes, mit le feu au hameau et maintint ses positions,

5 *juin.* — Les alliés, ayant reçu l'ordre de reprendre l'offensive, l'Empereur rassemble son armée, et devance les intentions de l'ennemi. Le 25e concourt à l'investissement de Kœnigsberg.

1809.

Mars. — Au moment où commence la campagne contre l'Autriche, le corps de Davoust était placé entre Bayreuth, Ambert et Ratisbonne, où Napoléon devait concentrer ses forces.

21 *avril.* — Le 25e, avec la division, entre dans Landshutt après un brillant combat.

22 *avril.* — Il prend part à la bataille d'Eckmül, bivouaque la nuit sur le champ de bataille et se trouve le lendemain devant Ratisbonne. Après une courte résistance, la brigade Gauthier

(25e et 85e), aidée par le feu de l'artillerie, escalade les murailles de la cité et entre dans cette ville.

BATAILLE DE WAGRAM

6 juillet. — Napoléon avait dépassé Vienne et se trouvait en présence des forces réunies de l'archiduc Charles. La division Gudin, qui formait la droite de la ligne française, eut, dès 4 heures du matin, à contenir le prince de Rosenberg qui, descendant des hauteurs de Neusiedel, se portait en deux colonnes sur Grosshofen et Glinzendorf. La gauche de Friant et la droite de Gudin occupèrent le village de Glinzendorf. De fortes levées de terre entouraient ce village. Nos soldats, placés avec intelligence derrière ce retranchement naturel, firent un feu de mousqueterie bien nourri qui causa beaucoup de mal aux Autrichiens. Davoust resta maître de ces positions et la colonne ennemie dut rétrograder jusqu'au Russbach. Davoust fut chargé d'enlever le plateau de Wagram : la division Gudin devait l'attaquer de front avec la division Puthod, tandis que Friant et Morand, passant le Russbach à droite, avaient reçu l'ordre d'envelopper l'aile gauche et de gravir les pentes du plateau.

Pendant que Napoléon donne ses instructions à Masséna et à Bernadotte et répare le commencement d'insuccès de ces deux corps, Davoust exécute son mouvement. Les divisions Morand et Friant franchissent le Russbach, et, ployées par un mouvement de conversion sur le flanc de la position de Neusiedel, forment un angle droit avec Gudin et Puthod, qui sont

restés devant le Russbach, de Neusiedel à Bau-
mersdorf. Morand commence le mouvement,
aidé par le feu de l'artillerie de Friant. Gudin et
Puthod, restés en face du Russbach, entrent en
action, sous la conduite de Davoust. La division
Gudin, qui a franchi le Russbach, escalade au-
dacieusement, sous un feu meurtrier, le plateau
de Neusiedel. La tour carrée, clef de la position,
est bientôt dépassée par Gudin et Morand. C'est
alors que le corps d'Hohenzollern dirige la moitié de ses troupes vers la tour carrée, sur la
droite de Gudin, pour le précipiter dans le
Russbach. Les 85e et 25e, accueillis par la plus
violente fusillade, sont presque arrêtés dans leur
mouvement. Les autres régiments de Gudin se
hâtent de venir à leur secours. La division tout
entière lutte avec Hohenzollern qui est peu à
peu repoussé, tandis que Friant et Morand gagnent du terrain sur le derrière du plateau.

Telle fut la part que prit le 25e dans cette
grande lutte, où les divisions Gudin et Friant
décidèrent du sort de la bataille.

Le corps du maréchal Davoust est cantonné
entre Brunn et Nicolsbourg pendant l'armistice.

1810-1811.

Le 25e fait toujours partie de l'armée d'Allemagne sous les ordres du général de division
Compans. Il cantonne dans le Hanovre.

Août. — Il fait partie du corps d'observation
de l'Elbe. Les 1er, 2e, 3e, 4e et 6e bataillons
entrent dans la composition de la 5e division
sous les ordres du général Compans.

Le 6e bataillon, formant dépôt, est à Landrecies.

1812.

1er *janvier*. — Le 25e, campé à Brêmen, faisant partie de la 1re brigade sous les ordres du général baron Duppelin, est commandé par le colonel DUNESME, le major DUCHESNE, les chefs de bataillon :

1er CAMESCASSE, à l'effectif de 37 officiers et 752 hommes.

2° LALANDE, à l'effectif de 16 officiers et 719 hommes.

3e DARRIULE, à l'effectif de 15 officiers et 740 hommes.

4e EVRARD, à l'effectif de 17 officiers et 748 hommes.

6e POTHIER, à l'effectif de 17 officiers et 741 hommes.

1er *juin*. — Il est en entier réuni à Mulhaussen et fait partie de la 5e division (général Compans) du 1er corps (maréchal Davoust) de la Grande Armée.

Cette division était composée des :

1re brigade : Général baron Duppelin, 25e et 57e.

2e brigade : 61e, 111e.

24 *juin*. — Elle franchit le Niémen avec le 1er corps sans opposition de la part des Russes.

25 *juin*. — Le 1er corps s'avance jusqu'à Zismory, traversant un pays difficile.

27 *juin*. — On atteint Jewe qui se trouve à une forte journée de Wilna, où la 5° division entre le lendemain à la suite de la cavalerie de Murat.

30 *juin au soir*. — Napoléon fait partir le maréchal Davoust avec la division Compans

pour se porter à la suite de général Pajol sur la route d'Ockmiana, afin de faire, vers la droite, un mouvement tournant sur l'armée de Bagration et de lui couper la retraite qu'il opérait sur Minsk.

8 juillet. — Le 25ᵉ, formant l'avant-garde de la colonne de Davoust, a l'honneur d'entrer le premier dans Minsk, d'où il expulse les Cosaques, laissés par l'ennemi, dans le but d'incendier les magasins de la ville. 3,600 quintaux de farine, 300 quintaux de gruau, 22,000 boisseaux d'avoine tombent entre ses mains. Le 25ᵉ est cité pour ce fait d'armes dans le bulletin de la Grande Armée.

17 août. — La division Compans appuie la première attaque de Morand contre Smolensk et refoule les Russes qui, rejetés à la pointe des baïonnettes, jusque dans les fossés de cette place, ne trouvent, pour rentrer dans la ville, que quelques issues pratiquées dans l'enceinte.

30 août. — La division Compans passe sous les ordres de Murat pendant tout le temps qu'elle fait partie de l'avant-garde.

5 septembre. — Partie de Gridnewo, l'avant-garde se met en marche sur Borodino, lieu destiné à devenir le tombeau de tant de héros.

Au moment où Napoléon arrivait pour inspecter ce champ de bataille, qu'il cherchait depuis le passage du Niémen, l'arrière-garde russe venait de se replier sur un mamelon à droite de la Kolocza et flanqué d'une redoute qui était un sérieux obstacle pour les dispositions qu'il voulait prendre le lendemain. Il avait, sous la main, la cavalerie de Murat et la division Compans. Napoléon fit appeler Murat et Compans et leur ordonna d'emporter immédia-

tement cette redoute qu'on appelait la redoute
de Schwardino. Murat, avec sa cavalerie, Compans, avec son infanterie, avaient déjà passé la
Kolockza et se trouvaient à droite de la plaine.
Les escadrons de Murat forcèrent la cavalerie
russe à se replier et nettoyèrent ainsi le terrain
sur les pas de notre infanterie. Compans plaça
ses pièces de 12 sur un petit monticule faisant
face à la redoute.

Après une canonnade assez vive, le général
Compans déploya les 57e et 61° de ligne à droite,
les 25° et 111° à gauche. Il fallait descendre
d'abord dans un petit ravin pour remonter la
côte opposée sur laquelle la redoute était construite, et, non seulement enlever cette redoute,
mais culbuter l'infanterie russe qui était rangée
en bataille de l'un et de l'autre côtés.

Le général Compans, dirigeant lui-même les
57e et 61e, et confiant au général Duppelin les
25e et 111e, donna l'ordre de franchir le ravin.
Les troupes s'avancèrent avec promptitude et
aplomb sous un feu des plus vifs. Couvertes,
dans le fond du ravin, elles cessaient de l'être
en s'élevant sur la côte que couronnait la redoute. Parvenues au sommet de cette côte, elles
échangèrent avec l'infanterie russe, pendant
quelques instants et à très petite portée, un feu
de mousqueterie extrêmement meurtrier. Le 57°,
lancé au pas de charge, renversa la ligne ennemie qui lui était opposée. Son exemple fut suivi
par le 61e qui était à ses côtés. A la gauche, les
25° et 111° en ayant fait autant, la redoute se
trouva débordée par ce double mouvement. Les
canonniers russes furent presque tous tués sur
leurs pièces.

Ce combat, court et glorieux, dans lequel 4 à 5,000 hommes succombèrent de notre côté, nous ayant rendu maitres de toute la plaine à droite de la Kolockza, Napoléon put y établir l'armée.

BATAILLE DE LA MOSCOWA

7 septembre. — Dans cette sanglante journée, les divisions Compans et Desaix, placées sous les ordres mêmes de Davoust, eurent pour mission d'attaquer en flanc. par la lisière des bois, le second monticule et les trois flèches que les Russes avaient construites sur la gauche de leur ligne, pendant que Ney devait les attaquer de front avec deux de ses divisions.

A 3 heures du matin, le mouvement des troupes commença dans le plus profond silence, aidé par un brouillard épais, qui masquait aux yeux de l'ennemi les dispositions prises de notre côté.

Vers 5 heures et demie du matin, un coup de canon, tiré de la batterie de droite, fut le signal de l'attaque. Un bruit effroyable succéda au silence le plus profond : la bataille était engagée.

120 bouches à feu tiraient sur les ouvrages des Russes, pendant que Ney et Davoust s'en approchaient. Celui-ci, précédé de 30 pièces d'artillerie, marchait à la tête de ses divisions et longeait les bois situés à l'extrême droite de notre ligne. Arrivé à leur lisière par des chemins difficile, il s'était approché de l'ouvrage des trois flèches qui était le plus à droite, afin de le prendre de côté et de l'enlever brusquement. Après avoir éloigné les tirailleurs ennemis en faisant avancer les siens, il avait formé la division Compans en colonnes d'attaques et laissé la division

Desaix en réserve pour garder son flanc droit et ses derrières.

A peine la division Compans se trouve-t-elle en présence de l'ennemi, qu'un feu horrible, parti des trois flèches et des lignes de grenadiers Woronzoff, l'accueille subitement. Le brave général Compans est renversé par un biscaïen. Les troupes, sans être arrêtées, restent un moment sans direction. Le maréchal, les voyant indécises et apprenant pourquoi, accourt pour remplacer le général Compans et pousse le 57° sur la flèche de droite. Ce régiment, suivi du 25°, y entre baïonnette baissée et tue les canonniers russes sur leurs pièces. Au même instant, un boulet vient frapper le cheval du maréchal Davoust et fait en même temps une forte contusion à celui-ci, qui perd connaissance.

De son côté, Ney venait d'entrer avec le 24° léger dans cet ouvrage, que les 57° et 25° avaient peine à conserver en présence des grenadiers Woronzoff. Ce fut une épouvantable mêlée, car Bagration, opposé aux deux maréchaux Ney et Davoust, se voyant menacé, avait envoyé chercher de nombreux renforts pour arracher aux divisions francaises le prix de leur conquête.

Il tenta les plus grands efforts pour reprendre ces flèches aux divisions Compans et Ledru (3e corps). On ne se battait plus dans les ouvrages disputés, trop étroits pour servir de champ de bataille, mais à droite et à gauche, en avant, employant tantôt les feux de mousqueterie, tantôt des charges à la baïonnette.

Ney prend alors le commandement des divisions Compans et Desaix, que Davoust, malgré sa persistance à rester au feu, ne pouvait plus conduire. Il les porte sur sa droite, tâchant d'étendre la main vers le prince Poniatowski qui s'avançait pour déborder l'aile gauche ennemie par les bois d'Outitza.

La 5º division seconde ces magnifiques charges de cavalerie des cuirassiers de Nansouty en repoussant la cavalerie ennemie toutes les fois qu'elle se présente devant elle.

Rapp, envoyé par Napoléon pour remplacer le général Compans, reçoit quatre blessures. Le général Desaix quitte ses propres troupes pour le remplacer et tombe frappé à son tour.

C'est dans la position qu'elle occupa de 10 heures du matin à 3 heures du soir, que la 5ᵉ division vit l'ennemi se retirer sous la mitraille de 300 bouches à feu, dans la direction de Psarewo. La route de Moscou était libre.

14 septembre. — L'armée française campe sous les murs de Moscou.

La situation de ce jour porte au 25ᵉ :

Colonel DUNESME ;

1ᵉʳ bataillon, commandant LALANDE, à l'effectif de 38 officiers et 287 hommes ;

2º bataillon, commandant GIGOUX, à l'effectif de 8 officiers et 248 hommes ;

3º bataillon, commandant GALAND, à l'effectif de 8 officiers et 312 hommes ;

4º bataillon, commandant PAQUET, à l'effectif de 16 officiers et 355 hommes ;

6º bataillon, commandant LABOUTE, à l'effectif de 11 officiers et 354 hommes.

19 octobre. — La retraite est décidée, le 25ᵉ est revenu définitivement sous les ordres de Davoust, qui est chargé du rôle difficile et périlleux de l'arrière-garde,

3 *novembre.* — Il se trouve en présence de Milovanowitch, qui cherche à couper la ligne de retraite à Davoust avant que celui-ci ne puisse entrer dans Viazma. L'attitude de ces cinq divisions exténuées par une retraite de quinze jours, tient encore en respect l'armée russe, et elles peuvent se retirer en se reployant par échelons et en ordre parfait.

Le 25ᵉ, suivant son habitude, rendit, dans cette triste journée, des services signalés et entra le dernier dans Viazma, après avoir repoussé à la baïonnette les attaques furieuses d'un ennemi voyant échapper une proie qu'il considérait comme devant lui appartenir.

Dans ces jours de fatigues, de privations, de combats incessants, le 1ᵉʳ corps avait perdu la moitié de son effectif; il fut remplacé dans sa pénible mission par le corps de Ney.

11 *novembre.* — Le 25°, avec le 1ᵉʳ corps, entre à Smolensk où il reste jusqu'au 16.

17 *novembre.* — Avant d'arriver à Krasnoë, Davoust qui suivait le prince Eugène à une journée de marche, trouva l'armée de Kutusoff en arrière du défilé de la Lossmind, prête à lui barrer le passage.

Un peu avant le jour, il fit avancer ses quatre divisions, les forma en colonnes serrées et enjoignit à ses troupes de fondre à la baïonnette sur l'ennemi, et de s'ouvrir le chemin par un combat corps à corps.

Les quatre division fondirent sur l'ennemi en colonnes serrées. Les troupes de Milovanowitch les accueillirent par une forte fusillade; mais, intimidées par leur élan, n'attendirent pas la charge à la baïonnette et se retirèrent sur le côté de la route. La 5e division arriva ainsi presque sans dommage jusqu'au bord du ravin de Lossmind où la garde les attendait. Mais le temps pressait et la route d'Orscha allait être coupée par le général Tormazoff. Napoléon donna l'ordre à la garde de partir et lui adjoignit la 5e division pour compenser les pertes qu'elle avait subies dans la journée.

19 novembre. — Arrivée à Orscha.

20 novembre. — A Kokanow où Napoléon apprend que le seul pont qui lui restait pour passer la Bérésina à Borizow venait d'être pris par les Russes.

26 novembre. — Passe avec la garde et la division Compans le pont de chevalet établi sur la Bérézina à Studianka.

Dans la journée du 28, le 25e est placé à la réserve et assiste, sans y prendre part, à la lutte qui se passait sur les deux rives de la Bérésina.

A partir de ce jour, le 25° cesse de combattre.

1813.

Janvier. — Les débris du 25° qui avaient pu se réformer à Kœnisberg, arrivent :

Le 15 janvier à Wraclaweck,

Le 20 janvier à Thon ;

Le 24 janvier, ils quittent cette place pour se diriger sur Posen et de là sur Stettin.

Ce qui restait d'hommes ne permit de former que deux compagnies. Les cadres de autres bataillons sont envoyés en Allemagne et au delà du Rhin.

Le 2e bataillon s'organise à Erfürth.

15 avril. — L'Empereur ayant décidé que le 1er corps serait réorganisé à 16 régiments et resterait sous les ordres du maréchal Davoust, le

25ᵉ entra dans la composition de ce corps d'armée de la façon suivante :

Le 2ᵉ bataillon, sous les ordres du commandant GALICY, forme avec le 2ᵒ bataillon du 57ᵒ, le 35ᵒ provisoire, commandé par le major LERCH.

Il fait partie de la 1ʳᵒ division du 1ᵉʳ corps dont le quartier général est à Verben.

Le 4ᵉ bataillon, sous les ordres du commandant LABOUILHE, forme, avec le 4ᵉ bataillon du 57ᵒ, le 35ᵒ provisoire *bis*, commandé par le major MICHEL. Il fait partie de la 2ᵒ division du 1ᵉʳ corps, sous les ordres du lieutenant-général DUMONCEAU dont le quartier est à Lunebourg.

Le 3ᵉ bataillon se reforme à Utrecht et fait partie de la 3ᵉ division du 1ᵉʳ corps, sous les ordres du général Thiébault.

Le 6ᵒ, à Utrecht, fait partie de la 3ᵉ division *bis*, sous le commandement du général Loison. Il est complété avec le contingent de 1814, et élevé à 820 hommes et 20 officiers. Il forme avec les 3ᵉˢ bataillons des 30ᵉ et 33ᵉ de ligne la 7ᵉ demi-brigade provisoire.

Du 15 mai au 28 juin. — Les 2ᵒ et 4ᵉ bataillons, faisant partie des 1ʳᶜ et 2ᶜ divisions, ont pour mission de reprendre Hambourg et de faire expier aux habitants leur défection devant les Cosaques et leur conduite envers les douaniers et les percepteurs qui avaient été tués ou expulsés.

Après avoir séjourné le 16 à Wittemberg, le 20 à Kalan, le 2ᵉ bataillon arrive le 28 à Brinckenaw, pendant que le 4ᵒ entrait à Hambourg et aidait à faire payer la contribution de guerre imposée par Davoust.

25 juin. — L'armistice de Pleiswitz était signé. L'Empereur en profite pour réorganiser ces régiments formés à la hâte, n'ayant plus la cohésion et l'esprit de corps que quatorze années de campagne leur avaient donnés.

Le 25° d'Auerstaedt, de Wagram, de la Moskowa fut reconstitué de la façon suivante :

Colonel CHARTRAND,

Major BESSENAY,

1er bataillon, commandant GIGOUX, à l'effectif de 26 officiers et 422 hommes ;

2e bataillon, commandant GALICY, à l'effectif de 17 officiers et 589 hommes ;

3e bataillon, commandant PAYNET, à l'effectif de 18 officiers et 730 hommes ;

4e bataillon, commandant LABOUILHE, à l'effectif de 17 officiers et 715 hommes.

Les deux compagnies de Stettin, qui étaient formées des débris de Russie, comptèrent par ordre de l'Empereur au 5e bataillon, au dépôt de Landrecies.

10 *juillet*. — Les 2e et 4e bataillons, qui étaient à Hambourg, reçoivent l'ordre de se réunir aux 1er et 3e qui se trouvaient à Wesel.

La concentration est ordonnée pour le 10 juillet.

15 *juillet*. — Le régiment entier se porte à Dessau où il séjourne un mois.

1er *août*. — Les 1re et 2e divisions du 1er corps passent sous les ordres du général Vandamme.

La 2e division est composée de la manière suivante :

Général de division Dumonceau ;

1re brigade, général Dunesme :

13e léger,

25e de ligne.

2ᵉ brigade, général Doucet :

57ᵉ de ligne,

51ᵉ de ligne.

28 *août*. — Après la bataille de Dresde, le prince Eugène de Wurtemberg et le comte Ostermann, prenant la route de Pirna, se présentent en retraite sur le plateau de Gieshubel. Vandamme, ne connaissant pas encore les résultats des journées des 26 et 27, fut surpris de se trouver déjà en présence de l'ennemi. C'est ce qui explique la faute énorme qu'il commit en laissant le prince Eugène s'emparer du Kohlberg, hauteur dominant le plateau Gieshubel. Ce hardi coup de main permet à ce dernier de défiler sous le camp de Pirna avec tout son corps d'armée.

Vandamme n'a plus que la ressource de se lancer à sa poursuite. Il se met donc en route, la brigade Reuss formant l'avant-garde, la division Dumonceau fermant la marche de la colonne ; mais son corps d'armée défile si lentement dans les gorges d'Hollendorf et de Peterswald, qu'il ne peut prêter secours aux troupes de première ligne fortement engagées avec l'ennemi dans la plaine de Kulm.

Les ordres que Vandamme avait reçus de Napoléon étaient de poursuivre jusqu'à Tœplitz et de barrer le passage aux armées ennemies, au moment où, exténuées et en désordre, elles déboucheraient des défilés d'Atenberg ; il devait en outre garder solidement les passages de l'Elbe et la route de Prague.

Dans la journée du 29, Vandamme attaque à Kulm, avec des forces insuffisantes, les Russes qui s'étaient retranchés fortement sur les hauteurs de Priesten. Il ne peut que conserver la position de Kulm située au débouché de la chaussée de Peterswald, remettant au lendemain le plan d'enlever de vive force le village de Priesten, alors qu'il aurait en ligne les divisions Philippon et Dumonceau dont le passage dans les défilés avait retardé la marche.

30 août. — Les coalisés se renforcent dans la position de Priesten avec tout ce qui était arrivé de troupes russes et autrichiennes par le chemin d'Altenberg sur Tœplitz, et veulent opposer à Vandamme une barrière de fer. Seul, le corps prussien de Kleist se trouvait encore dans les montagnes, pris entre Vandamme à Kulm et Mortier à Pirna. Il semblait devoir courir les plus grands dangers.

A la pointe du jour, les coalisés attaquent Vandamme qui voulait rester sur la défensive jusqu'à l'arrivée de Mortier qu'il attendait de Pirna. A sa droite, en face des Russes, au pied du Geyersberg, neuf bataillons de Mouton-Duvernet, au centre, la division Philippon, la brigade Guyot et la division Teste, et en arrière la brigade de Reuss. Derrière Kulm, la 2° brigade de la division Dumonceau, et, à gauche, vers les prairies, la brigade Dunesme pour servir d'appui à la cavalerie. Les tirailleurs ennemis commencent le feu. Tout à coup, sur notre gauche, les cavaliers russes du général Knorring franchissent une éminence qui dominait les prairies et se précipitent sur une batterie isolée qui se trouvait un peu en avant de notre ligne de cavalerie. Après un combat meurtrier livré par la brigade de cavalerie Corbineau et la brigade Dunesme, les cavaliers ennemis se retirent.

La brigade Guyot vient alors renforcer la

gauche et servir de soutien à la brigade Dunesme, déjà fort maltraitée. Mais les charges de cavalerie reviennent plus impétueuses que la première fois, et nos braves régiments d'infanterie (25e et 13e léger), formés en carrés, restent inébranlables. Aucun des efforts ennemis pour déborder notre gauche et nous ramener sur Peterswald n'avait réussi.

Tout à coup, vers dix heures du matin, un tumulte se produit sur nos derrières. On entend des coups de fusil. Vandamme, plein de joie, croit à l'arrivée de Mortier qu'il avait fait prévenir à Pirna d'arriver le plus vite possible. La déception fut grande quand on reconnut avoir affaire au corps de Kleist qui descendait par la chaussée de Peterswald. Celui-ci, voulant se livrer passage, était résolu à vaincre ou à mourir en forçant les lignes de Vandamme ; il se jeta en désespéré sur notre centre. A ce moment, Vandamne n'eut qu'une chose à faire : remonter la chaussée de Peterswald et passer sur le corps des colonnes prussiennes en abandonnant son artillerie.

La brigade Guyot reçoit l'ordre de se replier, et, avec la brigade de Reuss, de se former en colonnes serrées pour enfoncer les Prussiens, tandis que la brigade Dunesme continuerait dans la plaine à contenir les Autrichiens de Coloredo et les escadrons de Knorring. Le centre devait garder ses positions jusqu'à ce qu'on se fût fait jour par la chaussée de Peterswald.

A cette vue, l'ennemi, que nous avions devant nous, prononce une attaque d'autant plus vive qu'il aperçoit le corps de Kleist nous barrant le défilé de Peterswald. Le centre résiste de son mieux, mais à gauche, dans la plaine, il ne reste plus que la brigade Dunesme qui se défend héroïquement, mais qui succombe sous le nombre. La première ligne de Kleist est enfoncée, mais le désordre se met dans nos rangs et un mouvement général de retraite se produit vers les bois. Dans la plaine, la brigade Dunesme, assaillie de toutes parts, se défend avec l'énergie du désespoir, mais ne peut que protéger la retraite.

Une **partie des** soldats de cette brigade sont pris ou tués, les autres tâchent de gagner les montagnes.

La situation du lendemain donne, pour le régiment : 45 officiers tués, blessés ou prisonniers, 1704 hommes tués ou disparus. Le régiment, décimé, se reforme sous les ordres de DUMONCEAU à l'effectif de :

1 colonel,
2 chefs de bataillon,
33 officiers,
752 hommes.

1er *septembre*. — Il arrive à Dresde et campe sur la rive droite de l'Elbe au camp dit *de la jeune garde*.

Le 25e est réorganisé à deux bataillons et fait partie du 1er corps, confié au comte de LOBAU en remplacement de Vandamme, blessé et resté sur le champ de bataille de Kulm.

11 *novembre*. — Il partage le sort du corps d'armée du maréchal de Saint-Cyr et est fait prisonnier avec armes et bagages. Il est envoyé tout entier en captivité dans la Poméranie : triste récompense pour les actes de courage et de dé-

vouement qu'il n'avait cessé de prodiguer pendant dix-huit années consécutives.

1814.

1er *janvier*. — Le régiment a ses deux premiers bataillons prisonniers. La moitié du 3° tient garnison à Anvers, à l'effectif de 5 officiers et 235 hommes. Le demi-bataillon du 3° restant et les 4° et 6°, s'organisent à Landrecies.

5 *février*. — Les 3°, 4° et 5° restent à Landrecies. Le 6° part pour Paris, à l'effectif de 32 officiers et 501 hommes, où il arrive le 15 février.

24 *mars*. — Il séjourne à Paris jusqu'au 24 mars, époque à laquelle il part pour Meaux, à l'effectif de 13 officiers et 460 hommes. Il fait partie de la 2° division de réserve, revient sur Paris et contribue à la défense de la capitale sur le plateau de Romainville où les troupes de Marmont firent une résistance désespérée. Le nombre seul des armées coalisées put avoir raison de leur courage.

Dans le courant de l'année, le régiment se reforme à Landrecies où était resté le 5° bataillon, formant dépôt.

1815.

1er *avril*. — Au moment où Napoléon, revenant de l'île d'Elbe, arrivait à Paris, le 25° était cantonné aux environs de Landrecies.

Prévoyant la terrible lutte qu'il aurait à soutenir pour imposer silence à la fureur des puissances coalisées, l'Empereur s'occupa d'abord de réorganiser son armée.

1er *mai*. — Le 25° fait partie de la 2° brigade (général Grenier) de la 3° division (général Marcognet) du 1er corps (comte d'Erlon), et est envoye cantonner à Haubourdin et Lomme, à l'effectif de 44 officiers et 850 hommes.

La 3ᵉ division, dont le quartier général est à Lille, est composée des :

1ʳᵉ brigade : 21ᵉ et 46ᵉ.

2ᵉ brigade : 25ᵉ et 45ᵉ.

BATAILLE DE WATERLOO.

18 juin. — Le 1ᵉʳ corps forme l'aile droite de la ligne ; sa gauche, appuyée à la route de Bruxelles, s'établit en face du mont Saint-Jean, ses quatre divisions placées à la suite l'une de l'autre et chacune d'elles rangée sur deux lignes. La 1ʳᵉ division est à gauche, séparée du 2ᵉ corps par la grande route de Bruxelles et la cavalerie de Jacquinot en vedette à l'extrémité droite, dans la direction de Wavres. A 11 heures 1/2, la bataille s'engage par une violente canonnade sur le front des deux armées. Le 1ᵉʳ corps, impassible sous cette pluie de fer, attend avec impatience le moment où il pourra marcher.

A 2 heures, Ney ordonne l'attaque. Les quatre divisions de d'Erlon déploient leurs huit bataillons en les rangeant les uns derrière les autres à la distance de cinq pas, de manière qu'entre chaque bataillon déployé il y a à peine place pour les officiers et qu'il leur est impossible de se former en carrés sur leurs flancs pour résister à la cavalerie. Ces divisions forment ainsi quatre colonnes épaisses et profondes laissant de l'une à l'autre une intervalle de trois cents pas.

D'Erlon descend avec elles dans le vallon qui nous sépare des Anglais, sous la protection d'une batterie de 80 bouches à feu, parcourt le fond du vallon et remonte le bord opposé. Cheminant dans des terres grasses et détrempées, il franchit lentement l'espace qui le sépare de l'ennemi. En approchant du sommet, un feu terrible de mousqueterie, partant du chemin d'Ohain accueille notre ligne. Pendant que les 1re et 2e divisions franchissent ce chemin sous une grêle de balles, la division Marcognet, formant échelon en arrière, gravit la hauteur sous la mitraille, renverse les Hanovriens et prend pied sur le plateau à quelque distance de la 1re division (Alix) el de la 2e (Douzelot). Déjà la victoire semble se prononcer pour nous, car la position est emportée, lorsqu'à un signal du général Picton, les Ecossais de Pack, cachés dans les blés, se lèvent à l'improviste et tirent à bout portant sur notre ligne. Surprises par ce feu au moment même où elles débouchaient, nos colonnes s'arrêtent. Les bataillons de Pack et de Kempt les chargent à la baïonnette. Elles résistent cependant, se reportent en avant et se mêlent avec l'infanterie anglaise, lorsque tout-à-coup, Wellington. témoin de cette lutte héroïque, lance sur notre infanterie les Ecossais gris. Ces cavaliers chargent avec rage, pénètrent entre la division Alix et la division Douzelot d'un côté, entre la division Douzelot et la division Marcognet de l'autre. Abordant par le flanc les masses profondes de notre infanterie qui ne peuvent se déployer pour se former en carrés, ils s'y enfoncent sans les rompre ni les traverser à cause de leur épaisseur mais y produisent de la confusion. Ployant sous le choc des chevaux et, poussées par la déclivité du terrain, nos colonnes descendent au fond du ravin qu'elles venaient de franchir.

Heureusement, Napoléon avait aperçu ce désordre; il lança sur les dragons écossais la brigade de cuirassiers Travers, composée des 7e et 12e, qui les firent reculer et regagner leurs lignes.

Cette attaque avait coûté 3,000 hommes au 1er corps.

Le 1er corps se reforme sur le bord du vallon. Napoléon charge Ney d'enlever la Haie-Sainte, ferme située sur la grande route de Bruxelles, position avancée des Anglais à mi-côte du versant. Ney l'emporte après un combat acharné livré par une des deux brigades de Douzelot. Se croyant en mesure de déboucher victorieusement sur le plateau par la chaussée de Bruxelles, il porte la 3e division en avant et parvient ainsi à occuper sur sa droite le chemin couvert d'Ohain que les troupes anglaises, à moité détruites, ne peuvent disputer.

Cette division reste dans cette position jusqu'au moment où, vaincu par le nombre, l'Empereur se décide à battre en retraite.

2,600 hommes payèrent de leur vie leur dévouement à la patrie.

19 juin. — L'armée repasse la Sambre. Le 25e passe à Marchiennes avec le 1er corps qui se dirige sur Laon où il arrive le 24 à l'effectif de 10 officiers et 57 hommes.

1er juillet. — Il arrive à Belleville sur les hauteurs de Paris, à l'effectif de 11 officiers et 72 hommes de troupe.

15 juillet. — Conformément aux conditions de l'armistice, l'armée quitte Paris qu'on avait un moment essayé de défendre.

21 juillet. — Le 25e arrive en arrière de Gien

à Sancoins et le 1er août à Bourges, à l'effectif de 5 officiers supérieurs, 29 officiers et 211 hommes.

15 août. — Il est envoyé à Périgueux et fait partie de la 2e division, lieutenant-général Marcognet.

15 octobre. — Il est licencié dans la ville d'Angoulême où il se trouvait depuis le 20 août; tout ce qui lui appartenait fut versé dans la 14e légion du Cantal.

La 48e légion forma en 1820 le 25e de ligne (1re légion de la Manche), et vint occuper Arras (1819), Rocroi (1820), Mézières (1821), Neuf-Brisach (1821), Colmar (1822), Embrun (1823).

1823.

14 mars. — Il se met en marche pour l'Espagne où il va faire partie de l'armée des Pyrénées. Il laisse son dépôt à Montélimar, passe la Bidassoa, le 28 avril, à Béobie et cantonne dans les environs d'Irun.

24 mai. — Il part pour le blocus de Saint-Sébastien où il arrive le 25 mai, et fait partie de la 8e division du 3e corps.

SIÈGE DE SAINT-SÉBASTIEN.

« En Espagne, au blocus de Saint-Sébastien, la garnison fit une sortie le 15 juillet pour incendier le faubourg. La compagnie du capitaine GAUTHIER, soutenue par une autre compagnie d'élite, repoussa vivement l'ennemi et éteignit ensuite le feu qui commençait à dévorer quelques maisons. Le chef de bataillon FEISTHAMEL, le capitaine GAUTHIER, l'adjudant-major VOISIN et le sous-lieutenant Léautier se distinguèrent par leur belle conduite.

» Le 18 juillet, le voltigeur Trochon, en sentinelle avancée dans un faubourg de cette ville, voit sortir de cette place 25 à 30 hommes armés. L'un d'entre eux se glisse avec précaution près de lui et lui dit qu'il est Français. — « Français » ou non, je te tue si tu ne te rends pas », lui répond le voltigeur. Et, comme le prétendu Français l'ajustait, il s'élance sur lui, le désarme et le fait prisonnier. »

1824-1831.

Le régiment rentre en France et occupe diverses garnisons jusqu'en 1831 où il fait partie de l'armée du Nord sous les ordres du maréchal comte Gérard.

1832.

5 et 6 *juin*. — Il se trouva à Paris lors des troubles occasionnés par l'enterrement du général Lamarque. Le commandant DE MONTIGNY, à la prise de la barricade de la rue Saint-Martin, prenait ses dispositions pour l'attaque. « Un homme âgé, grand, à barbe blanche, s'élance sur lui, le saisit de deux bras vigoureux et l'étreint avec force. Le commandant croit que c'est un rebelle qui s'attache à lui pour le poignarder ; il veut faire usage de son épée. Mais ses efforts sont impuissants, et, après une lutte où tout l'avantage reste à l'homme âgé, M. DE MONTIGNY est poussé contre une porte cochère. Là, le vieillard, se plaçant devant lui, lui dit : « Ne » bougez pas, Monsieur, mon fils vous tient en » joue et je viens vous faire un rempart de mon

» corps. » En effet, en suivant les regards du vieillard, M. DE MONTIGNY voit le canon d'un fusil dirigé sur lui à travers la jalousie d'une fenêtre. Ce fusil, après être resté un instant dans cette position, change de direction et fait feu d'un autre côté. Alors le vieillard disparut et le commandant ne put suivre ses traces. »

20 *octobre.* — Le 25e quitte Paris et est envoyé à Anvers où il arrive le 24 décembre. Il fait partie de la division Fabre, brigade Rapatel.

Au siège d'Anvers, dans le travail du chemin couvert de la lunette Saint-Laurent, les sapeurs et les grenadiers bravent avec fermeté le feu de la citadelle. Le lieutenant MAGNIER, 11 sapeurs et grenadiers sont blessés, deux tués. Le capitaine GAULTIER et ses voltigeurs repoussent à la baïonnette une sortie de l'ennemi. Le lieutenant DENIS se fait aussi remarquer par son courage.

Le grenadier SHLÉGEL est cité à l'ordre de l'armée. Quoique blessé, il refusa de quitter le poste dangereux qu'il occupait. La veille, son frère était mort glorieusement dans la tranchée.

La cantinière Antoinette MORON est citée à l'ordre pour avoir, chaque jour, donné des preuves de courage et de dévouement. Par elle, un mineur qui était tombé dans le fossé est retiré sous le feu le plus vif de l'ennemi. Déjà elle avait eu son chapeau traversé d'une balle en secourant un blessé, ce qui ne l'empêcha pas de courir chercher un brancard pour le transporter au milieu des bombes et des boulets.

1833.

Le régiment rentre en France.

1852.

5 *novembre*. — Il s'embarque à Toulon pour l'Italie, laissant son dépôt dans le Midi de la France.

Au mois d'octobre de l'année 1860, la défaite de l'armée pontificale à Castelfidardo ayant fait craindre l'envahissement de Rome par les Piémontais, et, par suite, le soulèvement des populations, le régiment concourt à l'exécution, dans les pays environnants, d'un système de colonnes mobiles, ordonné par M. le général de division, commandant supérieur, dans le but de maintenir ou de rétablir, dans diverses localités, les représentants du gouvernement pontifical.

Les divers détachements du 25ᵉ remplissent cette mission avec tact et fermeté ; ils sont appelés à parcourir ainsi les pays de Viterbe, de Civita-Castellano en remontant la rive droite du Tibre ; de Orté, menacé par une bande de volontaires, la position de Montefiascone qui domine les pays environnants, le lac de Bolsena enfin Acquapendante et les autres localités s'élevant autour du lac de Bolsena. Dans presque tous ces endroits, nos troupes ont à rétablir l'autorité pontificale ainsi que les emblèmes du Pape, auxquels le peuple avait substitué la croix de Savoie et le drapeau tricolore italien. Près de Farnèse, la colonne de M. le commandant DE COURCY, au moyen d'une marche combinée, surprend des volontaires italiens et leur enlève 19 fusils. D'autres villes, menacées d'être attaquées par la bande Bosquet, sont secourues à temps.

1861.

11 octobre. — Le régiment rentre en France.

GUERRE DE 1870-1871.

1870.

23 *juillet.* — Le régiment est à Paris et fait partie de la 4e division du 6e corps d'armée, commandé par S. E. le maréchal Canrobert.

6e Corps :

Général de division : M. Levassor Sorval.

1re Brigade : 25e et 26e de ligne, général de brigade de Marguenat.

2e Brigade : 28e et 70e de ligne, général de brigade de Chanaleilles. .

11 août. — Le régiment reçoit l'ordre de départ pour l'armée du Rhin

12 août. — Il arrive à Metz et va établir son camp à 5 kilomètres au nord de cette ville, sur la droite et à proximité de la route de Metz à Thionville, rive gauche de la Moselle.

15 août. — Le régiment reçoit l'ordre de partir à 3 heures du matin. Il établit son camp le soir sur le côté nord de la route de Verdun, entre Gravelotte et Rezonville.

BATAILLE DE GRAVELOTTE.

16 août. — A 9 heures trois quarts, la canonnade commence : l'action est engagée par la division Buddenbrock, du IIIe corps allemand. Ayant passé la Moselle à Novéant, cette division, parvenue à Vionville dont les hauteurs dominent le camp français, y établit des batteries et ouvre le feu; quelque temps après, elle s'empare de Vionville et de Flavigny que gardaient les avant-postes du 2° corps, général Frossard.

Le corps de Canrobert était à gauche du corps Frossard, chargé de défendre le débouché des routes qui, de la Moselle, montent à travers les bois de Vau, des Ognons, des Chevaux, de Saint-Arnoux sur Gravelotte, et d'empêcher les Prussiens de couper la gauche de l'armée de la ville de Metz. Il devait couvrir la route par laquelle les 3e corps (Lebœuf), 4e (Ladmirault) et la garde arrivaient pour prendre part au combat.

Le régiment prend les armes au premier coup de canon, et, vers 10 heures du matin, se trouve formé par bataillons déployés en échelons, le dos à la route de Verdun, faisant face aux débouchés du bois des Ognons sur le versant est de la dernière hauteur que l'on trouve avant d'arriver à Rezonville en venant de Gravelotte. Plus tard, le régiment fait un changement de front en avant, sur l'aile droite, et se forme en bataille sur le même versant, tournant le dos à Gravelotte, surveillant toujours les bois des Ognons et de Saint-Arnoux.

Vers midi, le 1er bataillon, sous le commandement de M. Philebert, chef de bataillon, est porté en avant et s'établit sur la crête du mamelon, en avant de Rezonville, face aux lignes prussiennes et à la batterie de Vionville.

Il reste seul, avec grand'peine, une demiheure sur cette position, et est rejoint par deux régiments de la garde. Ils s'y maintiennent jusqu'à quatre heures du soir, et ne se retirent que lorsqu'ils ont brûlé toutes leurs cartouches. Le 1er bataillon passe alors par Rezonville et se retire sur le côté nord de la route, puis se reforme entre cinq et six heures en avant de Gravelotte et à proximité de la route, sur le versant qui fait face au bois.

Pendant ce temps, les deux autres bataillons, sous les ordres de M. le colonel Gibon, restent déployés en arrière de la crête. L'artillerie, placée en masse considérable sur l'ancienne chaussée romaine, près de Saint-Marcel, engage un feu terrible, auquel répond l'artillerie ennemie.

A 2 heures 45, l'artillerie de la garde, qui était placée en avant du régiment, cesse le feu, et les deux bataillons, ayant devant eux deux compagnies en tirailleurs, une du 2e bataillon et l'autre du 3e, se portent en avant, franchissent la crête et s'établissent à mi-côte sur le versant du plateau qui fait face à l'ennemi. Bientôt, cepnedant, ils se trouvent en première ligne et maintiennent leurs positions jusqu'à 5 heures 1/2, heure à laquelle se produit un mouvement de recul. Une partie du 2e bataillon s'établit en arrière de la crète; le colonel Gibon lui donne l'ordre de s'y maintenir. On arrête énergiquement les Prussiens qui ne peuvent parvenir à déboucher du bois. Remplacés par d'autres troupes que fait avancer le maréchal Canrobert, les deux bataillons se retirent lentement sur Gravelotte, traversent la route et se réunissent au 1er bataillon. Ils campent tous sur la hauteur, en avant de ce village.

Le général de Marguenat, commandant la brigade, frappé par un obus, reste mort sur le champ de bataille.

— 109 —

Les pertes de la journée, pour le 25ᵉ, sont considérables.

M. le colonel GIBON, commandant le régiment, a un cheval tué sous lui.

M. le lieutenant-colonel MORIN a également son cheval tué.

M. FAURE, chef de bataillon, commandant le 2ᵉ bataillon, est grièvement blessé : sa blessure nécessite l'amputation.

Le commandant TERRAIRE est blessé gravement et meurt quelques jours après des suites de ses blessures.

Restent morts sur le champ de bataille :

MM. PICOLLET-D'HERMILLON, capitaine ;
     VADOZ, lieutenant ;
     DE GENSOUL DE MONCHY, lieutenant ;
     JOIGNY, sous-lieutenant ;
     GAMBINI, sous-lieutenant ;
     FONTAINE, sous-lieutenant ;
     MACAULT, sous-lieutenant ;
     DAMEN, sous-lieutenant.

Sont blessés :

MM. MÉRIEL-BUSSY, capitaine adjudant-major,
     BOUCARD, capitaine ;
     GRANIER, capitaine ;
     BIBARD DE LA VILLETANET, capitaine ;
     GIRAUD, lieutenant ;
     NOGARET, lieutenant ;
     LUNET, lieutenant ;
     LECLERCQ, sous-lieutenant ;
     SALLÉ, sous-lieutenant ;
     PETIT, sous-lieutenant.

En tout, 20 officiers hors de combat.

Etat des pertes des sous-officiers et soldats :

Tués.................. 51
Blessés.............. 210

17 août. — A 3 heures du matin, le régiment se met en marche sur Saint-Privat, en suivant la route de Verneville. Il arrive vers 3 heures du soir et campe face au sud, ayant le village à dos.

BATAILLE DE SAINT-PRIVAT

18 août. — Dans la matinée, de fortes colonnes prussiennes s'avancent et semblent menacer la position que, cependant, elles n'attaquent pas. A midi, la bataille s'engage. Le 25e est en première ligne, en avant de Saint-Privat ; en arrière, d'autres troupes sont en réserve. Il est placé environ à 300 mètres en avant du village. Le 2e bataillon est à la droite, en ligne déployée, le 3e au centre et le 1er à gauche. A partir de 4 heures, le régiment, formant l'extrême droite de l'armée française, est le point de mire des efforts de l'armée prussienne, qui a réuni, en face de Saint-Privat, une formidable batterie de 84 pièces de canon.

Vers 4 heures, le XIIe corps saxon commence un mouvement tournant vers Sainte-Marie-aux-Chênes ; une compagnie est envoyée en tirailleurs pour surveiller les masses prussiennes. Le feu des tirailleurs, de ce côté, est intense ; quelques compagnies de chasseurs à pied s'y trouvent déjà ; ces compagnies sont ramenées par l'ennemi. Le 2e bataillon détache deux nouvelles compagnies pour les soutenir.

Leurs efforts réunis font encore reculer l'ennemi.

A 4 heures 1/2, le XIIe corps saxon prend part au combat; le feu de notre artillerie, faible depuis longtemps, ne se fait plus entendre; l'artillerie ennemie tire avec ses 84 pièces sur le régiment qui perd pied et se retire sur Saint-Privat. Cependant, un groupe de 300 à 400 hommes, en grande partie du 3e bataillon, ramenés par leurs officiers, se massent autour du drapeau et n'opèrent leur retraite sur Saint-Privat qu'après avoir brûlé toutes leurs cartouches. Pendant ce temps, le 2e bataillon dispute pied à pied le terrain à l'ennemi, qui s'avance sur la route de Sainte-Marie-aux-Chênes à Saint-Privat, jusqu'à une centaine de mètres de ce village, où il ne s'abrite qu'après épuisement complet de ses munitions.

Pendant que la retraite s'opère, un détachement de 100 hommes environ, réuni par M. le commandant PHILEBERT, ravitaillé en cartouches par un caisson d'artillerie, est ramené dans ce village pour soutenir une batterie qui essaie de prendre position.

Elle ne peut tenir et se retire. Quelques instants après, M. le colonel GIBON, qui a repris le commandement du détachement renforcé par tous les hommes que les officiers réunissent, revient au village pour dégager le maréchal Canrobert, qui s'obstine à y rester et est en danger d'être pris. L'artillerie ennemie augmentant toujours son feu, les efforts pour se maintenir à Saint-Privat ne peuvent réussir. Le régiment abandonne le dernier le village et se retire dans la direction de Metz.

Vers 7 heures du soir, la garde, soutenue par l'artillerie, arrête la marche des Prussiens. Les hommes du régiment, à la voix de leurs chefs, se rallient autour du colonel et du drapeau. Ils se reportent en avant et veulent tenter un retour offensif en s'animant par le chant de la *Marseillaise* que jouent les musiques des régiments. »

Après avoir parcouru un kilomètre environ, ils sont arrêtés dans leur mouvement par le maréchal Canrobert et le général Le Vassor Sorval qui, tous deux, donnent l'ordre de battre en retraite. Elle s'opère par la route de Saint-Privat sur Saulny et Metz. Le régiment établit son bivouac vers 1 heure du matin sous les murs de cette ville.

Dans la journée du 18 août, M. le colonel Gibon a eu son cheval blessé sous lui ; M. le lieutenant-colonel Morin également.

Les pertes pour le régiment en officiers, sont :

Tués :

M. Lescure, lieutenant.

Blessés :

MM. Druilhet, capitaine adjudant-major ;
Latour, capitaine ;
Orth, capitaine ;
Binecher, lieutenant.

Prisonniers :

MM. Boissier (Pierre), capitaine ;
Boissier (Auguste), capitaine ;

Mercier, capitaine ;
Robaglia, lieutenant.

En tout, neuf officiers hors de combat.

Pertes de la troupe :

Tués : 21.
Blessés : 116.
Disparus : 137.
En tout, 274 hommes mis hors de combat.

19 *août*. — Le régiment établit son camp dans la plaine au nord de Metz, en arrière de Woippy et à la gauche du chemin de fer de Metz à Thionville.

21 *août*. — Il campe sur la hauteur en arrière de Woippy.

28 *août*. — Il occupe le village de Woippy.

26 *septembre*. — M. le colonel Gibon est nommé général de brigade et conserve le commandement de la 1ʳᵉ brigade, 4ᵉ division, 6ᵉ corps.

M. le lieutenant-colonel Morin est promu colonel en remplacement du colonel Gibon.

AFFAIRE DE LADONCHAMPS

27 *septembre*. — Le régiment quitte son camp à 11 heures 30 minutes du matin.

Il marche sans sacs et se porte au delà de Woippy, par la route de Norroy-le-Veneur. Il est précédé des huit compagnies de partisans du 3ᵉ corps ; la compagnie du capitaine Nogaret leur est adjointe. Le régiment s'établit à la sortie du village, à droite de la route de Norroy-le-Veneur.

Les 1ᵉʳ et 2ᵉ bataillons marchent de front

sur Sainte-Agathe attaqué par les partisans ; la 3ᵉ les suit à la distance de 100 mètres environ.

A l'approche des forces qui viennent les soutenir, les partisans enlèvent la maison du garde sur le passage à niveau du chemin de fer, malgré une vive fusillade de l'ennemi. Le 1ᵉʳ bataillon s'arrête à Sainte-Agathe, tandis que le second se porte en avant et prend position des deux côtés de la maison du garde, sur le chemin de fer, ayant son front couvert par la chaussée. Deux compagnies du 1ᵉʳ bataillon soutiennent l'attaque des partisans qui s'élancent au pas de course de la maison du garde sur Ladonchamps et en chassent l'ennemi. (Ladonchamps est un ancien château féodal formant avec les communs un carré. Il est entouré de plusieurs rangées d'arbres et de fossés profonds, pleins de vase et d'eau. C'est une vraie place forte dans laquelle on ne peut entrer que par un pont assez étroit.)

Une portion des partisans pénètre dans la cour intérieure du château, fouille les bâtiments, tandis que les autres poussent jusqu'à 300 mètres en avant du château et maintiennent l'ennemi qui tiraille toujours. Bientôt une épaisse fumée sort de Ladonchamps : le feu est à la ferme.

A 3 heures 20 minutes, sur l'ordre de M. le général Le Vassor Sorval, M. le général Gibon ordonne la retraite.

Les prisonniers faits dans la journée sont au nombre de 9.

Pertes : 4 hommes tués.

Blessés : 17.

29 septembre. — M. RIGAULT est nommé lieuténant-colonel en remplacement de M. Morin.

Du 29 au 30 septembre. — Le maréchal Bazaine donne l'ordre de reprendre Ladonchamps.

REPRISE DE LADONCHAMPS

Nuit du 1er au 2 octobre. — Le 1er et le 3e bataillons du 25e, ayant à leur tête le colonel Morin, quittent, par une nuit des plus obscures, leur camp, le 1er octobre à onze heures et demie du soir, dépassent Woippy, gagnent la Maison-Rouge et se portent au delà des avant-postes par la route de Thionville. Aussitôt après avoir franchi les obstacles établis sur la route, le 2e bataillon se déploie en une seule ligne, la gauche appuyée à la chaussée du chemin de fer, la droite à la route de Thionville. Le 3º bataillon déploie ses trois premières compagnies en arrière du 2e bataillon, laisse les trois dernières le long du chemin de fer qu'elles doivent longer et fait face à la ferme de Sainte-Agathe occupée par les Prussiens. Les quatre compagnies de partisans de la division et la compagnie du capitaine Nogaret, qui doivent enlever le château de Ladonchamps se portent aussitôt en avant, le tout sous les ordres de M. Philebert, chef de bataillon.

Au départ, les quatre compagnies de partisans se séparent en deux groupes : celui de droite (25º et 28e), sous le commandement du capitaine Faucon, du 25e; celui de gauche (26e et 70e), sous le commandement direct de M. Philebert. La compagnie Nogaret est placée au centre comme soutien du 2e groupe.

Les partisans, précédés de quelques tirailleurs, s'avancent en silence sur Ladonchamps;

les deux bataillons les suivent sans bruit. Arrivés à 300 mètres de Ladonchamps, les tirailleurs, voulant enlever les sentinelles ennemies, se mettent à plat ventre et s'approchent en rampant. Ils arrivent ainsi jusqu'à 20 mètres de Ladonchamps sans recevoir un seul coup de feu. Tout à coup, les sentinelles prussiennes, surprises, se mettent à tirer, mais les tirailleurs se précipitent à la baïonnette et entrent dans le château au cri de : En avant ! M. Giordani, qui commande les partisans les plus avancés du 25ᵉ, contourne vivement le château par la droite avec une quinzaine d'hommes, traverse le fossé du parc, arrive sur la ferme, brise une porte d'entrée, pénètre dans la cour intérieure et se met à fouiller le bâtiment. La compagnie Nogaret, qui a suivi de près les partisans, pénètre comme eux dans la cour intérieure par la porte sud, et s'établit dans le fossé du parc sur le côté nord. L'ennemi, surpris, abandonne le château sans résistance ; un seul officier prussien est tué au moment où il essayait de sortir du parc. Quelques hommes sont faits prisonniers. Les dispositions sont prises immédiatement par le 2ᵉ bataillon pour prévenir un retour offensif.

2 octobre. — Au point du jour, en effet, les obus commencent à tomber, la fusillade devient très nourrie.

Vers sept heures du matin, M. le général Gibon s'aperçoit que les masses prussiennes sortent du bois de Woippy et menacent sa gauche. Il fait aussitôt porter les partisans vers Sainte-Agathe. Ils s'avancent jusqu'à la maison du garde. Le lieutenant-colonel Rigault qui les conduit, jugeant qu'il a trop peu de monde, retourne vers le château pour chercher du renfort. Au moment où il traverse la route de Ladonchamps, il est atteint mortellement par une balle.

Cependant, les 2e et 3e bataillons arrivent au secours des partisans qui, enlevés par les capitaines FAUCON et NINCK, s'élancent sur Sainte-Agathe. Les Prussiens, logés derrière une haie et dans un fossé, tiennent bon et se font tuer sur place plutôt que de lâcher pied. Enfin les compagnies de gauche du 3e bataillon appuient le mouvement et la ferme est enlevée.

Le général Gibon, qui s'est porté à la maison du garde, donne l'ordre au 25e de rentrer au château de Ladonchamps où il reste toute la journée, tenu en éveil par les feux d'artillerie et de mousqueterie de l'ennemi qui s'accentuent par intervalles.

Vers onze heures et demie du soir, le 91e vient relever le 25e qui se retire sans incident sur la route de Thionville et rentre à son campement vers une heure du matin.

Les pertes du régiment sont relativement considérables. M. le lieutenant-colonel RIGAULT, blessé gravement, meurt le 3 de ses blessures.

MM. SERRÉ, chef de bataillon, tué ;
    LAMBLIN, capitaine, blessé ;
    NICLOUX, lieutenant, blessé ;
    BÉGOUT, sous-lieutenant, blessé gravement.

Pertes de la troupe : tués, 10; blessés, 41; disparu, 1.

6 *octobre*. — Le commandant PHILEBERT est

promu lieutenant-colonel et reste au régiment;
M. VIVIEN y est promu chef de bataillon.

7 octobre. — A 10 heures du matin, les bataillons du 25e reçoivent l'ordre de prononcer
un mouvement offensif dans la direction du
camp prussien de Sainte-Anne, pour faire, soit
un gros fourrage, soit une reconnaissance offensive vigoureuse.

Le 1er bataillon, avec ses compagnies de
droite, pénètre dans Bellevue, mêlé aux chasseurs à pied de la garde qui l'ont enlevé, s'y
établit et y reste jusqu'au soir. Les compagnies
de MM. NOGARET et CAVANAC prennent Sainte-
Anne, le dépassent un moment et parviennent
jusqu'aux tranchées prussiennes. N'ayant pu s'y
maintenir, ils rentrent à Sainte-Anne. Ils ont
environ 250 hommes avec eux, et, malgré tous
ses efforts, l'ennemi ne peut les en déloger pendant toute la journée. Ils ne consentent à se retirer que sur l'ordre du maréchal, après avoir
complètement brûlé Sainte-Anne.

A gauche, les deux autres bataillons se pro-
longent le long des bois, en face des tranchées
prussiennes. Mais bientôt l'ennemi nous déborde
et nous force à reculer. A ce moment, le général Gibon est blessé. M. le colonel Norin a un
cheval tué sous lui.

Dans cette affaire, le régiment a perdu :

Tués :

MM. CAYEN, capitaine;
    MÉRIEL BUSSY, capitaine adjudant-major.

Blessés :

MM. TASSIN, capitaine;

Lunet, lieutenant ;
Monneret, lieutenant ;
Prégrot, lieutenant ;
Namur, sous-lieutenant ;
Armand, sous-lieutenant.

Les pertes de la troupe sont : tués, 31 ; blessés, 57.

19 octobre. — Malgré les soins les plus vigilants, le général Gibon, resté au milieu des siens, au château de Woippy, succombe dans la matinée. Ses funérailles sont faites avec la plus grande pompe. Les hommages qu'on lui rend sont la triste mais sincère expression des sentiments d'admiration que ce chef sut inspirer à tous par son courage, son abnégation et sa bonté. Son nom figurera toujours dans les annales du 25e à côté de ceux de Venoux et de Cassagne.

25 octobre. — Le régiment apprend avec douleur que l'armée de Metz est prisonnière.

29 octobre. — Les officiers du régiment conduisent leurs hommes aux avant-postes et se séparent d'eux. Spectacle navrant : c'est au milieu des pleurs que ces malheureux quittent pour l'exil ceux qui ne les avaient jamais abandonnés dans le danger.

TABLEAU

des récompenses obtenues par le 25e pendant la campagne.

5 septembre 1870. M. Faure, chef de bataillon, est nommé officier de la Légion d'honneur ; Cayen, capitaine, chevalier.

BIDEAUX, ARNAUD, BLANC, FONTETTE, sergents-majors; DÉGONIE, GEOFFROY, GROS, BOYER, SABATIER, sergents ; BRETON, caporal; ECKSTEIN, BAUDY, CALAMY, LAURENT, LONG, sapeur; MASSÉ, CASSÉ-GOUARET, LEDUC, BAOULT, GROS, LAVIGNE, soldats, reçoivent la médaille militaire.

9 *septembre.* — MM. PHILEBERT, chef de bataillon, est fait officier de la Légion d'honneur; PETIT, sous-lieutenant, chevalier.

3 *octobre.* — MM. FAUCON, capitaine ; LUNET, lieutenant, sont nommés chevaliers de la Légion d'honneur. — AILLOUT, caporal; CIENTAT, GUILLOT, sergents : FLEURIOT, soldat, reçoivent la médaille militaire.

10 *octobre.* — MM. DE FEYDEAU, capitaine adjudant-major; MARGUERITTE, capitaine; GIORDANNI, sous-lieutenant; PIGALLET, NOGARET, capitaines, sont faits chevaliers de la Légion d'honneur.
CAMPANT, sergent; NAVAILLES, MASSINI, GIROIX, QUINTIN, SAMOYAULT, soldats; LACHAMBRE, sergent ; BREUILLER, MORIN, MONNE, LOUIS, MENIGAULT, SURY, soldats ; SOUME, WENDLING, GAUTRUCHE, francs-tireurs; LADRIGUE, CHANTELOUBE, PUYTHORAU, ROBERT, POULET, FRANCOIS, VINSSOT, MULLER, GUILMET, FRÉSUL, LAFRANCHI, ROBERT, FLOGNY, FRATONY, HAUDOT, CRÉMON, PÉRIER, RIQUIER, SERGENT, GRONIER, MÉTAIS, CHAMPION, LEPLAU, THOMAS, FLIOU, GEORGES, LONGEAT, soldats; ROSSET, sergent, reçoivent la médaille militaire.

1871.

Mai. — Le régiment se reforme à Vannes, en partie de l'ancien 25e et du 125e, constitué à Paris le 27 août 1870, par les 4es bataillons des 47e, 48e et 61e de ligne, sous les ordres du colonel MORIN.

EXPÉDITION DE TUNISIE

—

1881.

22 juillet. — Le 1er bataillon, détaché à Versailles, reçoit l'ordre de se rendre en Tunisie. Il s'embarque le 26 à Marseille et arrive, le 31, à la Goulette.

2 août. — Il forme, avec un bataillon du 55e et un du 6e de ligne, le 1er régiment de marche, sous les ordres de M. le lieutenant-colonel DE PUYMORIN qui est remplacé, le 5 août, par M. le lieutenant-colonel Quinnemant, du 131e de ligne.

7 août. — Le bataillon fait partie du régiment de marche no 2 de la 5e brigade de réserve, sous les ordres du général Sabattier, et reste au camp de Carthage jusqu'au 23 août.

MARCHE SUR ZAGHOUAN.

27 août. — La colonne, composée du bataillon du 25e, de la 10e batterie du 35e d'artillerie, d'un bataillon du 65e, arrive au camp de Zaghouan après une marche très pénible.

9 septembre. — A 5 heures du matin, le bataillon, commandé par le capitaine adjudant-major NINCK, part en reconnaissance dans la direction du sud à Lela-bent-Saïdan avec une section d'artillerie et un escadron du 7° chasseurs à cheval. La colonne est commandée par le chef d'escadron Delaunoy ; elle suit à travers des broussailles l'aqueduc de Djebel-Djoukar. Le soir, elle campe à cinq kilomètres environ à l'est de Lela-bent-Saïdan après une journée très fatigante. Dans la nuit, quelques coups de feu, échangés avec les avant-postes, signalent la présence de l'ennemi.

10 septembre. — La colonne part à 5 heures du matin pour revenir au camp de Zaghouan. Elle est immédiatement attaquée sur ses derrières.

L'infanterie se forme en carré, dont chaque face est constituée par une compagnie sur un rang. Les hommes, encouragés par les paroles énergiques de leur commandant, ripostent à cette attaque par un feu bien ajusté et éloignent pour un instant l'ennemi.

La défense est alors constituée :

Sur les deux faces de droite et de gauche, par des flanqueurs sur un rang ; à l'arrière-garde, par les 2e et 4e compagnies ayant chacune un de ses pelotons en soutien et l'autre déployé sur un rang. Les deux compagnies forment chacune un échelon se protégeant à tour de rôle. L'ennemi ne cesse de harceler la colonne, et la retraite s'opère promptement et avec ordre. Vers midi, au pont du Fahs, des feux, venant d'un marabout situé sur une hauteur, à droite de la colonne, gênent un instant la marche. Le capitaine NINCK fait rassembler sur un rang, en deux groupes, les soutiens des 1re et 2e compagnies qui faisaient partie de l'arrière-garde, fait mettre

la baïonnette au canon et emporte d'assaut la
position du marabout. Les baies de cactus qui
entourent ce bâtiment sont franchies avec entrain; 20 à 25 Arabes sont tués sur place à bout
portant, les autres prennent la fuite.

La marche continue toujours, mais la soif
et la fatigue qu'éprouvent les hommes, aux
prises avec l'ennemi depuis le matin, nécessitent
des arrêts plus fréquents.

Le passage de l'Oued-Meliah se fait avec la
plus grande difficulté; une voiture même doit
être abandonnée. Les hommes sont épuisés :
beaucoup d'entre eux tombent sans pouvoir se
relever. Un appel suprême est fait à l'énergie de
tous. A 6 heures, seulement, les Arabes cessent
la poursuite. La pluie change bientôt en bour-
biers les sentiers que suit la colonne. Ce n'est
que vers 8 heures du soir que le bataillon de
chasseurs à pied arrive au-devant de la colonne
avec de l'eau, des voitures et des cacolets.

Il protège la retraite, recueille les traînards
et permet au bataillon d'arriver au camp à
8 heures 1/2 du soir, sans laisser un homme
aux mains de l'ennemi.

Le bataillon a eu, dans cette journée, un
homme tué : BÉGHIN, soldat à la 2e compagnie,
et 19 blessés.

M. le capitaine adjudant-major NINCK, commandant le bataillon, est signalé d'une façon
toute particulière par le commandant de la colonne, dans le rapport adressé à M. le général
commandant la 5e brigade de réserve sur le
combat du 10 septembre.

12 septembre. — Les Arabes attaquent à
1 heure du matin la face du camp occupée par

le 25e; l'ennemi est repoussé; plusieurs cada-vres arabes sont retrouvés le lendemain sur l'em-placement du combat.

19 *septembre*. — Le bataillon reçoit, de la division, l'ordre suivant :

Mon cher Général,

Je tiens à vous féliciter des résultats que vous avez obtenus dans les divers combats aux environs de Zaghouan. Je vous prie également de transmettre mes félicitations aux troupes sous vos ordres, pour l'entrain et la bravoure dont elles ont fait preuve. Je suis certain qu'avec de telles troupes, si vous êtes attaqué de nouveau, vous infligerez aux dissidents une leçon dont ils se souviendront.

Signé : Logerot.

6 et 7 *octobre*. — Le bataillon quitte le camp de Zaghouan, escortant un convoi pour aller camper au pont du Fahs.

9 *octobre*. — Un ordre de la division félicite le commandant Ninck pour l'entrain et la vigueur avec lesquels il a commandé son bataillon dans la journée du 10.

MARCHE SUR KAIROUAN.

23 *octobre*. — Sous les ordres des généraux Saussier et Logerot, le bataillon fait partie de la colonne du sud qui se met en marche sur Kairouan et campe à l'extrémité nord du col de Fourni-El-Karrouba; il soutient avec l'ennemi un engagement peu sérieux pendant la journée.

27 *octobre*. — Arrivé à Kairouan, il fait partie d'une colonne expéditionnaire qui se dirige sur Gabès.

29 *octobre*. — Arrivée au camp de Raz-el-Oued-Gabès.

12 *décembre*. — Le bataillon fait partie d'une colonne commandée par le général Sabattier pour aller sur les frontières de la Tripolitaine soumettre les dissidents qui s'étaient réfugiés dans le sud. Cette colonne reprend, le 26 décembre, la route du nord.

1882.

25 *janvier*. — Arrivée à Sousse.

1883-1884-1885-1886.

Après avoir occupé successivement les places de Sousse, la Goulette, Tabarca, Aïn-Draham, Le Kef, Sfax et Mahédia, le bataillon reçoit l'ordre de rentrer en France où il rejoint le régiment à Cherbourg, le 17 mai 1886.

156

9 782019 969806